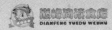
巅峰阅读文库
DIANFENG YUEDU WENKU

中华传统美德百字经

慈·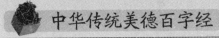

于永玉 董玮◎编

U0095420

　　一段历史之所以流传千古，是由于它蕴涵着不朽的精神；一段佳话之所以人所共知，是因为它充满了人性的光辉。感悟中华传统美德，获得智慧的启迪和温暖心灵的感动；品味中华美德故事，点燃心灵之光，照亮人生之路。

天津人民出版社

图书在版编目（CIP）数据

慈：母慈子壮 / 于永玉，董玮编 . —天津：天津
人民出版社，2012.1

（巅峰阅读文库 . 中华传统美德百字经）

ISBN 978-7-201-07356-9

Ⅰ . ①慈…　Ⅱ . ①于…②董…　Ⅲ . ①品德教育—中
国—通俗读物　Ⅳ . ① D648-49

中国版本图书馆 CIP 数据核字 (2011) 第 268707 号

天津人民出版社出版

出版人：刘晓津

（天津市西康路 35 号　邮政编码：300051）

邮购部电话：（022）23332469

网址：http://www.tjrmcbs.com.cn

电子信箱：tjrmcbs@126.com

北京一鑫印务有限责任公司印刷　新华书店经销

2012 年 1 月第 1 版　2012 年 1 月第 1 次印刷

690×960 毫米　16 开本　10 印张　字数：100 千字

定价：19.80 元

中国是一个具有悠久历史和灿烂文化的文明古国，也是举世闻名的礼仪之邦。在历史的长河中，中华民族创造出了绚丽多彩的物质文化和精神文化，为人类的发展和进步做出了重要贡献。其中，中华民族的传统美德被大家代代传承。

那么，什么是传统美德？什么是中华民族的传统美德呢？通常来说，传统美德就是在自觉或习俗的道德规范中，一些被大多数人所接受并实际奉行的，而且在现代仍有着积极影响的那些美德。具体到中华民族传统美德，概括起来就是指中华民族优秀的民族品质、优良的民族精神、崇高的民族气节、高尚的民族情感以及良好的民族礼仪等，是中华民族在历史实践过程中积累而成的稳定的社会优秀道德因素，体现在人们生活的方方面面，涉及政治、经济、文化、意识等领域，并通过社会心理结构及其他物化媒介得以代代相传。

前 言

经过长期的历史沉淀，中华传统美德已融入到中华民族的思想意识和行为规范中，成为社会道德文化的遗传基因，成为整个中华民族文化的精神内涵，也是中华五千年文明史的精髓所在。继承和弘扬中华民族传统美德，可以振奋民族精神，增强民族自尊心、自信心、自豪感和凝聚力，使社会主义道德规范具有更丰富的内涵，让社会主义、集体主义、爱国主义思想等更加深入人心，成为社会主义文化的主旋律。同时，还可以更好地协调人际关系，促进社会主义市场经济的健康发展，形成有中国特色的、适应社会发展的价值观和伦理道德规范。

国民的思想道德状况，尤其是青少年的思想道德状况，直接关系着一个国家、一个民族的整体素质，关系着国家前途和民族命运。目前，我国已进入改革发展的新时期新阶段，德育教育的价值和意义更是日渐凸显。大力弘扬中华传统美德，建设社会主义核心价值体系，促进社会主义文化的发展和繁荣，是建设全面小康社会的主要任务，更是实现中华民族伟大复兴的必然要求。因此，党中央非常注重我国公民道德建设，全社会也已形成了加强和改进思想道德建设的新风尚。

青少年是国家的希望，是民族不断发展和延续的根本，因此，青少年德育教育就显得更加重要。为了增强和提升国民素质，尤其是青少年的道德素质，我们特意精心编写了本套丛书——《中华传统美德百字经》。

本套丛书立足当前公民，尤其是青少年思想道德教育的现实，将中华民族的传统美德归纳为一百个字，即学、问、孝、悌、师、教、言、行、中、庸、仁、义、敦、和、谨、慎、勤、俭、恤、济、贞、节、谦、让、宽、容、刚、毅、睦、贤、善、良、通、达、知、理、清、廉、朴、实、志、道、真、立、忠、诚、公、正、友、爱、同、礼、温、信、尊、敬、恭、恕、责、仪、精、专、博、富、明、智、勇、力、安、全、平、顺、敏、思、积、利、健、率、坚、情、养、群、严、慈、创、新、变、革、争、谏、诲、齐、省、克、竞、求、简、洁、强、律。丛书内容丰富、涵盖性强，力图将中华民族传统美德的内涵囊括进去。丛书通过故事、诗文和格言等形式，全面地展示了人类永不磨灭的美德：诚实、孝敬、负责、自律、敬业、勇敢……

慈·母慈子壮

2

这些故事在中华民族几千年的历史长河中，一直被人们用来警醒世人、提升自己，用做道德上对与错的标准；同时通过结合现代社会发展，又使其展现了中华民族在新时代的新精神、新风貌，从而较全面地展示了中华民族的美德。

在本套丛书中，为了帮助读者更好地理解这些源远流长的传统美德，我们还在每一篇故事后面给出了"故事感悟"，旨在令故事更加结合现代社会，结合我们自身的道德发展，以帮助读者获得更加全面的道德认知，并因此引发读者进一步的思考。同时，为丰富读者的知识面，我们还在故事后面设置了"史海撷英"、"文苑拾萃"等板块，让读者在深受美德教育、提升道德品质的同时，汲取更多的历史文化知识。

前 言

这是一套可以打动人心灵的丛书，也是可以丰富我们思想内涵的丛书……《中华传统美德百字经》向我们展示的是一种圣洁的、高尚的生活哲学。无论在任何社会、任何时代，给予人类基本力量的美德从来不曾变化。著名的美国政治家乔治·德里说："使美国强大的不是强权与实力，而是上帝赐予的美德。假如我们丢失了最根本且有用的美德，导弹和美元也不能使我们摆脱被毁灭的命运。"在今天，我们可能比任何时候都更应关心道德问题，尤其是青少年的道德问题，因为今天我们正逐渐面临从未有过的道德危机和挑战。

人生的美德与智慧就像散落的沙子，我们哪怕每天只收集一粒，终有一天能积沙成塔，收获一个光辉灿烂的明天。《中华传统美德百字经》中的美德故事将直指我们的内心，指向人性中善良的一面，唤起我们内心深处的道德感。因此，中华民

族的传统美德也一定会在我们的倡导和发扬之下，世世传承，代代延续！

全套丛书分类编排，内容详尽、文字优美、风格独具，是公民，尤其是青少年思想道德建设的优秀读物。愿这些恒久流传的美文和故事能抚平我们每个人驿动的心，愿这些优秀的美德种子能在青少年身上扎根、发芽、生长……

慈·母慈子壮

"母慈子壮"是古代亲子关系最基本的原则。母慈不等于溺爱，它包括生养、鞠抚、关怀、教育等；子壮不只是赡养，它包括孝养、孝顺、孝敬、继业、弘志等。它们反映了亲子间相互的道德责任与义务。

亲子关系是重要的家庭关系。慈孝，特别是孝，是社会道德的核心和基础，被称为"百善之首"和"仁之本"。人类极为珍视母子亲情，"哀哀父母，生我劬劳"（《诗经·小雅·蓼莪》）。鸟有反哺之恩，羊有跪乳之义，慈孝是在血缘亲情的基础上来说明受护、养育子女是亲代的崇高使命，孝敬父母是子女应尽的义务。

传统道德讲母慈子壮。母慈即亲代对子代的关怀爱护，它不仅是一种哺育之情，更是父母对子女成长的关心、期待、培养和教育。"孟母三迁为育儿"、"田母却金为儿廉"等故事，讲的是慈母爱子情深。"鲍出闯贼群救母"、"沈季铨舍身救母"等，则反映了奋不顾身救父辈于危难的孝行。"庾道愍外邦寻亲母"、"杨成章半边钱寻母"的故事，则是当亲子离散后，子辈历尽艰难寻亲的感人事例。

母慈子壮作为传统道德，植根于封建宗法社会，必然通过"移孝为忠"为封建社会制度服务。因此，传统道德中的母慈子壮提倡子辈对亲长的绝对服从，"父要子亡，子不得不亡"、"天下无不是的父母"。封建社会树立的孝行典范"二十四孝"中就包含着许多愚昧、残忍的东西，所有这些与时代精神相背离的因素，必须坚决予以否定。但是，母慈子壮同时也植根于亲子间的血缘亲情，是维系家庭的和睦和稳定的需要，从这一点来看，母慈子壮的德行又有着普遍意义。因此，在现代精神文明建设中，应当继承中华民族的这一传统美德，但必须建立在批判、分析的基础之上。

今天，我国社会主义和谐社会建设正处于高速发展的阶段，国家和企事业单位都急需大批德才兼备的人才，因此，我们需要继承并把母慈子壮这一中华民族的传统美德发扬光大，为我国繁荣富强增砖添瓦。

目录

ZHONGHUACHUANTONGMEIDEBAIZIJING
中华传统美德百字经

慈·母慈子壮

第一篇

母慈子壮

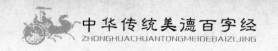
中华传统美德百字经
ZHONGHUACHUANTONGMEIDEBAIZIJING

孟母三迁为育儿

◎重资财，薄父母，不成人子。——朱柏庐

> 孟母（？—前317年），孟子的母亲，仉氏。孟轲早年丧父，孟母教子的故事千百年来妇孺皆知。

孟子是我国战国时期伟大的思想家、教育家，他自幼刻苦努力，勤奋好学，最终获得成就。但是，孟子之所以能有如此巨大的作为，除了本身的努力外，与母亲煞费苦心地"三迁择邻"还有着重要的关系。

孟子幼年时和母亲住在靠近坟场的一个地方。孟母不知道，这样的环境对年幼的孟子会产生什么影响。孟母便细心地观察儿子。

过了几天子，孟母发现，孟子将出殡时人们泣哭、干嚎，甚至鼻涕一把泪一把的样子都模仿得惟妙惟肖。

看到儿子的这种变化，孟母并没有责备儿子，儿子毕竟年幼，不能分辨好坏黑白。

再后来，孟母发现儿子又有了新的变化。坟场是出殡的目的地，但不会每天都人来人往，总有安静的时候。然而在坟场没什么人时，孟子便会和小伙伴们跑到坟场玩耍，不是成群结队装成出殡队伍送葬的样子，就模仿在坟头祭祀逝者的场面。看到这些，孟母又陷入了沉思：这样下去，儿子到底能学到些什么呢？

2

经过一番深思熟虑后，孟母决定搬走。因为她发现这个地方实在不是年幼的儿子应该居住的地方。

很快，孟母就将家搬到了一个距离集市较近的地方。当然，这里与坟场完全不同。

每天清晨，集市上推车的、挑担的、赶集的、下店的，纷纷赶来，十分热闹。孟子刚来时，看到这样热闹的场面，除了觉得新奇之外，还对自己喜欢东西进行仔细观察和模仿。

很快，孟子又学会了生意人的吆喝，买卖双方的讨价还价，甚至把买卖双方成交前后的神态都模仿得十分逼真。

孟母把儿子的这些变化都看在眼里，可她并不满意，反而比在坟场附近居住时更要着急。孟母认为，如果这样下去，儿子不知道又会变成什么样的人呢！于是，孟母想再搬家。

这一次，孟母把家搬到了一个学堂的附近。

这里既没有出殡的情形与祭祀的场面，也没有生意人云集，真假混淆、良莠难辨的复杂情形，有的只是书声琅琅、揖让进退之礼。不论是先生还是学生，彼此都相处得一团和气。

开始时，孟子也觉得很新鲜。因为这里的人与去坟场的人、在集市上的人全都不一样。渐渐地，孟子觉得读书也挺好，于是逐渐收敛起野性，端起书本，加入到学子们琅琅的读书声中了。

后来，孟子不但越来越喜欢读书，还跟老师和其他同学学着做一些迎来送往的规矩动作。时间长了，孟子变得温文有礼，行坐有节，还学到了许多为人处世的道理。

孟母看到儿子的进步心里十分高兴，她逢人便说："这里才是真正适合我儿子居住的地方啊！"

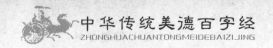

◎故事感悟

孟母为了儿子学做人，三次迁居，真可谓绞尽脑汁，煞费苦心。"孟母三迁"的故事说明教育孩子要懂得"近朱者赤，近墨者黑"的道理。

◎史海撷英

孟母断机教子

少年时期的孟子，开始时读书很不用功。

有一天，孟子回家后，孟母正坐在织机前织布。看到孟子回来，孟母就问："《论语》的《学而》篇会背诵了吗？"

孟子回答说："已经会背诵了。"

孟母高兴地说："那你背给娘听听吧。"

可是，孟子翻来覆去地只会背诵其中的一两句，其余的根本背不出来。孟母听了十分生气，便随手举起一把剪刀，"嘶"的一声，将刚刚织好的布全部割断了。

孟子见母亲把辛苦织好的布都割断了，心里很难过，却又不知道母亲为什么要这样做，便忙询问母亲。

孟母教训孟子说："这学习就像织布一样，不认真读书，就像断了的布。布断了，就再也接不起来了。学习如果不努力，就永远也学不到真本领。"

说到伤心处，孟母便哭了起来。孟子很受触动，从此以后，他牢记母亲的话，开始用功读书。

◎文苑拾萃

孟母祠

孟子年轻时期，最想去的国家就是宋国。但为了奉养老母，他一再拖延。转眼30年过去了，孟母已是年逾古稀，孟子也已到了知天命之年，整日长吁短叹，闷闷不乐。孟母问明原因后，对儿子说出了一段千古名言："夫妇人之礼，精五味，擅酒浆，养舅姑，缝衣裳而已，故有闺内之修，而无境外之志。以言妇人，无擅制之义，而有三从之道也，故年少则从乎父母，出嫁则从乎夫，夫死则从乎子，礼也。今子成人也，而我老矣！子行乎子义，吾行乎吾礼。"母亲的三言两语，就把孟子心中的积虑一扫而光，于是孟子再次周游列国，受到了空前的尊敬与欢迎。

可惜的是，就在孟子功成名就的时候，孟母却去世了。在归葬故乡马鞍山时，过去的乡邻都争相在路旁祭奠，极尽哀思。如今，山东省邹城县北 20 里的马鞍山麓上还留有古柏森森的孟母墓，历代都有石刻颂扬孟母的坚贞志节与慈母风范，并建有孟母祠，以作为人们的祭奠之处。

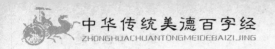

身教言传为大业

◎人人都可孝父母，孝敬父母如敬天。——《百孝经》

敬姜（生卒年不详），鲁国大夫公父文伯的母亲。敬姜所著《论劳逸》被称为春秋战国时期家训的代表作。

春秋后期，季康子执掌了鲁国的权力。他的叔叔公父文伯官为大夫，很受季康子的宠信。

有一天早朝之后，公父文伯便去给母亲敬姜请安。他发现母亲正坐在纺车前纺线，就对母亲说，像我们这样的家庭，母亲还自己纺线，季康子知道了会不高兴的，还以为儿子我不好好地侍奉母亲。

听了儿子的话，敬姜叹了口气，对公父文伯说："大事不好了，鲁国要灭亡了！让你们这些人做官，但你们竟不懂立家治国的道理。你给我坐下来，听我慢慢地讲给你听。"

敬姜稍微缓了口气，又对儿子说：即便国家贫困落后，但只要人民勤奋，并肯吃苦耐劳，也可以确保国家的长治久安。老百姓付出了劳动代价，就会思考问题；思考的结果，就会生出善良之心。但如果只贪图安逸，就会生出淫逸的念头；而有了淫逸之心，就会把善良忘记。忘记了善良，就会产生邪恶之心。富贵生活中的人不成材，就是由于贪图安逸；贫困生活中的人都响应正义，劳动就是根本。人民需要辛劳，从天子到普通老百姓，都应该勤劳而不能懈怠。

在说了上边的一番话之后，敬姜对君王该怎么做、各级各类官员该怎么做都作了说明。最后她总结说：自上以下，谁敢淫心舍力！怠惰是有罪的，这是自古以来的制度。之后，敬姜又联系到自己说："如今的我是孤身一个人，你又处于今天这样的位置，早晚处事最怕忘记了前辈留下的基业。如果懒惰懈怠，你怎么能够逃脱罪过呢？我希望你能早晚加强自我修养，一定不要忘记祖宗的嘱托。你刚才说，季康子见我这样他会不安的。你在国君跟前当官，我真害怕像穆伯那样绝后啊！"

敬姜用自己的行为影响儿子，鞭策儿子勤政。当儿子对母亲的行为表示不理解，甚至有些不满的时候，她又不厌其烦地加以说服教育，由此可见母亲教育儿子的殷殷之心。

◎故事感悟

一般说来，劝诫子女勤勉是家长教育子女的一个重要内容。但是，敬姜认为圣王择贫瘠的土地而处民，就是为了"劳其民"，是有意识地给老百姓吃苦头，其实，她的这种观点是不对的，是不符合历史实际的。不到万不得已，似乎不该提倡这种"瘠土劳民"的办法，因为即便这样去做了，也未必能使人培养出高尚的道德来。

◎文苑拾萃

季康子问政

季康子问政于孔子，孔子答曰："政者，正也。子帅以正，孰敢不正？"

季康子问政于孔子，曰："如杀无道，以就有道，何如？"

孔子答曰："子为政，焉用杀？子欲善而民善矣。君子之德，风；小人之德，草。草上之风，必偃。"

季康子患盗，问于孔子。孔子曰："苟子之不欲，虽赏之不窃。"

译文：

李康子问孔子如何治理国家，孔子回答说："政就是正的意思。您本人带头走正路，那么还有谁敢不走正路呢？"

李康子又问孔子如何治理政事，说："如果杀掉无道的人来成全有道的人，怎么样？"

孔子说："您治理政事，哪里用得着杀戮的手段呢？您只要想行善，老百姓也会跟着行善。在位者的品德好比风，百姓的品德好比草，风吹到草上，草必定跟着倒。"（孔子反对杀人，主张"德政"。在上位的人只要善理政事，百姓就不会犯上作乱。这里讲的人治，是有仁德者的所为。那些暴虐的统治者滥行无道，必然会引起百姓的反对。）

李康子苦于盗贼太多，向孔子求教。孔子答道："如果你自己不贪求财货，即使你奖励偷盗，他们也不会去偷。"

为正义献身的范滂

◎孝子亲则子孝，钦于人则众钦。——《省心录》

范滂（137—169年），字孟博，汝南征羌（今河南郾城东南）人，最初任清诏使，迁光禄勋主事，后为汝南太守。范滂以抑制豪强，反对十常侍知名于时，太学生谓之"八顾"。延熹九年（166年），范滂与李膺、陈蕃、王畅等同时被捕，次年被释放还乡。灵帝建宁二年（169年）第二次党锢之祸爆发，范滂与李膺、杜密等百余人死于狱中。

范滂在母亲的教导下，从小立下志向，要以澄清天下为己任。当时，皇室衰微，宦官集团独揽大权，他的官职不高，但在与宦官的斗争中极有威望，与朝廷正直的大臣李膺、杜密等人同为中流砥柱。

建宁二年，宦官集团大肆搜捕"党人"，李膺、杜密等相继被捕入狱，李膺被拷打致死，而杜密则自杀了。范滂情知横祸将至，无论如何是逃不过这一劫难的，于是，他毅然辞别母亲，到本县监狱自首。

汝南郡的督邮奉命到征羌（今河南郾城）捉拿范滂。到了征羌的驿舍里，他关上门，抱着诏书伏在床上直哭。驿舍里的人听到哭声，弄不清是怎么回事。

消息传到范滂那里，范滂说："我知道督邮一定是因为不愿意抓我才哭的。"

他就亲自跑到县里去投案。县令郭揖也是个正直的人，他见范滂来了，吓了一大跳。他说："天下这么大，哪儿不能去，您到这儿来干什么？"

他打算交出官印，跟范滂一起逃走。

范滂感激地对郭揖说："不用了。我死了，朝廷也许能把抓"党人"的事停下来，我怎么能连累您？再说，我母亲已经老了，我逃跑了不是还要连累她吗？"

县令没办法，只好将范滂收进监狱，并派人通知范滂的母亲和他的儿子来跟范滂见面。

范母带着孙儿随着公差到监狱来探望范滂。范滂安慰母亲说："我死了后，还有弟弟会抚养您，您不要太伤心。"范母说："你能和李、杜（指李膺、杜密）两位一样留下好名声，我已经够满意了，你也用不着难过。"

范滂跪着听完母亲说话，又回过头来对儿子说："我要叫你做坏事吧，可是坏事毕竟是不该做的；我要叫你做好事吧，可是我一生没有做坏事，却落得这步田地。"旁边的人听了，都禁不住流下了眼泪。

像李膺、范滂这样被杀的，当时一共有一百多人；还有六七百在全国有声望的，或者跟宦官有一点儿仇的人，都被宦官诬指为"党人"，遭到逮捕，不是被杀，就是充军，至少也是禁锢终身。

只有那个宦官侯览的对头张俭逃过了官府搜捕。他到处躲藏，许多人情愿冒着生命危险收留他。等到官府得到消息来抓他的时候，他又躲到别处去了。于是，凡是收留过他的人家都遭了祸，轻的下监狱，重的被杀，甚至整个郡县都遭了殃。

经过这两次"党锢之祸"，朝廷里比较耿直的官员遭到沉重打击，大小官职差不多都由宦官和他们的门徒包下了。

在范滂被押解往京城那天，母亲又特意为他设酒饯行。她噙着眼泪说："吾欲使你为恶，则恶不可为，使你为善，则我不为恶。"送行的人们听到范母这番豪言壮语，感动得泣不成声。他们佩服范母深明大义，不愧是忠臣烈子的母亲。

范滂被害时，年仅33岁。

◎故事感悟

　　有其母必有其子，正是有了范母的深明大义，才有了范滂的坚贞不屈。范滂和母亲为真理而勇于献身的精神炳耀千秋，永垂史册。

◎史海撷英

东汉地方官制

　　东汉时期的地方官制与西汉相比，在郡、县两级是基本相同的，但郡的重要性和权力却较西汉下降不少。在州一级，更是有着根本性的区别。东汉时期，州已演变成为一级地方行政单位，凌驾于郡之上。至此，中国古代的地方行政区划由郡县制转变为州、郡、县三级制，一直延续到隋朝"废郡"为止。

　　东汉时期，洛阳以外的地区被划分为12个州，各遣刺史一人为州长官。另外又以京兆、左冯翊、右扶风、河东、河南、河内、弘农七郡为司隶校尉辖区，称为司隶部（汉代州也称部）。

　　司隶校尉属于京官，负责监察在京百官。东汉时期，退罢三公，几乎都由司隶校尉纠劾所致，所以司隶校尉又被称为"雄职"。皇帝召集朝会时，司隶校尉与御史中丞、尚书令三人有单独的席位，称"三独坐"。另外，他们还统领着一支由1200名奴隶组成的武装警察部队，司隶校尉的官名也由此而得。

　　诸州沿袭西汉汉成帝制度，设州牧一人，秩2000石。建武十八年（42年）改为刺史，秩600石。汉灵帝中平五年（188年），再改为州牧，秩2000石。东汉时期，刺史都有固定的驻地和官署，纠劾所部太守县令不必像西汉制度那样三公按验，可以直接罢免之。改州牧后，兼领军政，位高权重，有点类似唐朝的节度使，但他们管辖地域的广阔又不是节度使所能比的。

　　与西汉相同的是，刺史也要周行郡国，刺探政情，年终回京复奏。不过，东汉的刺史可以不必亲自回京，而是派遣属吏向司徒府报送文书就行了。

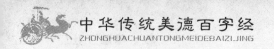

◎文苑拾萃

揽辔澄清

《后汉书·党锢传·范滂》："时冀州饥荒，盗贼群起，乃以滂为清诏使，案察之。滂登车揽辔，慨然有澄清天下之志。"

译文：

东汉时期，冀州发生饥荒，那些贪官污吏们照样过着糜烂的奢侈生活，对灾民不闻不问，饥民们纷纷起来造反。朝廷派范滂为清诏使前去考察情况。他接到命令感到责任重大，临行时他在马上手执缰绳对随从说："一定要查明真相，澄清天下。"

释义：

揽辔：拉住马缰。澄清：平治天下，表示刷新政治，澄清天下的抱负。也比喻人在负责一件工作之始，即立志要做好这件工作。

田母拒金为儿廉

◎要问如何把亲孝，孝亲不止在吃穿；孝亲不教亲生气，
爱亲敬亲孝乃全。——《孝经》

田稷子是战国时期齐国的丞相。田稷子的母亲对儿子的管教一向严格，即使田稷子做了大官，她都没有放松对他的约束。

有一次，田稷子的部下为了巴结他，送给田稷子百金。田稷子接受了人家的金子后，没有自己留下，而是拿去孝敬母亲。

母亲没有接过儿子双手奉上的金子，甚至连手都没动一动，而是端坐在那里，神情严肃地问儿子："这么贵重的东西，你是打哪儿得来的？"开始，儿子还支支吾吾，不说实话。

母亲看儿子情绪很反常，听儿子说话的语气也不对，已经猜到了问题的症结，于是继续追问儿子。

在母亲的严厉追问下，田稷子只好对母亲说了实话。

母亲听完了儿子的话，先是诧异，后来脸色变了，变得很难看。她厉声训斥儿子道："我听说，君子所为，是力求修身自好，廉洁律己，不能为了一己私利而不顾礼义廉耻。不义之财是不得进家门的。对于这样的要求，你不是不知道，更不应该只当做耳边风，甚至把它忘记了。你今天的所作所为不仅不是对我的孝顺，而且连忠诚都谈不上。那不义之财不是我想要的，不忠诚的儿子也不是我的儿子。"

田稷子受到母亲的严厉斥责之后，满怀羞愧。这时的他，巴不得有个地缝钻进去才好。他无法面对母亲，慌忙退了出去。

田稷子一个人想了好久，想起了很多往事。自己小的时候，见邻居家的孩子有弹弓玩，自己也想要，但母亲怕他因过于贪玩而影响读书，所以对他的要求没有理会。有一天，母亲无意间发现儿子在玩耍弹弓，问他的弹弓是从哪里来的。在母亲严厉的追问下，他只好承认是偷拿了邻居家小孩的。

母亲没有再说什么，而是扯起了儿子的小手，去了邻居家，把弹弓还给了人家，并一再向邻居孩子的母亲道歉，检讨自己对儿子管教不严。

回到家，母亲又把儿子教训了一番，让儿子一定要记住不能随便要别人的东西，哪怕是再贵重、自己再喜欢的东西也不能要。至于顺手牵羊，偷拿别人的东西，就更是要不得了。

母亲刚才训斥自己的话，使田稷子想起了自己童年曾犯过的错误，越发觉得自己辜负了母亲的期望。于是，他决定改过自新。他先把百金原封不动地退还给主人，然后自己背着一张破草席，去向齐王请罪。

齐王见田稷子这副样子，不知道究竟发生了什么事儿，心想我的爱卿是个很好、很忠诚的人，会犯什么过错？齐王问田稷子，田稷子把事情的经过向齐王汇报了一遍。

齐王听完之后，先是对田稷子母亲的高尚情操表示钦佩，并特意从府库里取出公金对田稷子的母亲给予奖励。同时，对于田稷子知错就改的行为也给予了充分肯定，并要他好自为之，继续辅佐自己，管理好国家。

◎故事感悟

田稷子的母亲拒绝儿子接受不义之财，并要儿子从小做起、从点滴做起，这种行为为人们树立了"却金为儿廉"的好榜样。

◎史海撷英

田氏代齐

齐桓公十四年（公元前672年），陈国公族内乱，公子完为了避祸逃到齐国。齐桓公想封公子完为卿，公子完不接受，只接受了工正之职。后来，陈完改姓为田氏，成为齐国田氏的始祖。

公元前545年，田完的四世孙田桓子与鲍氏、栾氏、高氏合力消灭了当国的庆氏。此后，田氏、鲍氏又灭掉了栾、高二氏。不久，田桓子便取得了齐国公族与国人的支持。齐景公时，公室腐败，田桓子之子田乞（即田僖子）便用大斗借出、小斗回收，使"齐之民归之如流水"，增加了户口与实力，是谓"公弃其民，而归于田氏"。

公元前489年，齐景公死，齐国公族国、高二氏立公子荼。田乞驱逐了国、高二氏，另立公子阳生，自立为相，从此田氏掌握了齐国的国政。

公元前481年，田乞之子田恒（田成子）杀齐简公与诸多公族，另立齐平公，进一步把持齐国政权，又以"修公行赏"争取民心。公元前391年，田成子四世孙田和废齐康公。公元前386年，田和将齐康公放逐到海上，自立为国君，同年为周安王册命为齐侯。

公元前379年，齐康公死，姜姓齐国绝祀。田氏仍以"齐"作为国号，史称"田齐"。

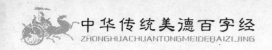

崔母教子做好官

◎父母德高，子女良教。——格言

崔母的儿子郑善果（569—629年），唐朝政治人物，郑州荥泽人。郑善果的父亲为北周将军郑诚，讨伐尉迟迥而死。郑善果被母亲悉心抚养，隋炀帝时，从游江都。后为唐朝的检校大理卿、民部尚书，历礼部、刑部二尚书、岐州刺史、江州刺史。

隋朝有一个人叫郑善果，是个三品官。郑家靠俸禄收入维持生活丰衣足食，可郑善果的母亲仍然亲自纺纱织布，常常到深夜。郑善果对此疑惑不解，心想自己家也不缺银子用，母亲为什么还要这样节俭呢？这样的疑问，他只能埋藏在心底，只是对母亲说："您老人家不要太辛苦，可要多多保重身体啊。"

母亲对儿子说："官俸是朝廷给的，应当将多余的财物周济姻亲，这是你父亲生前的愿望。而我不停机杼，终日纺织，也是为了警惕自己，不能因生活富裕而好逸恶劳。"听了母亲的话，郑善果陷入了沉思之中。

郑善果的母亲崔氏，13岁的时候嫁给郑诚为妻，后来生了儿子郑善果。郑善果的父亲身为武官，英勇善战，从不怕流血牺牲，功劳卓著，被提拔为大将军，还被封为开封县公，后来，在一次平定叛逆的战斗中不幸牺牲。

父亲牺牲的时候，母亲才刚过20岁，郑善果也只有几岁。郑善果外公见姑爷没了，女儿20岁就守寡，拉扯着年幼的善果过日子，颇为艰难。考虑到女儿生活的难处，郑善果的外公要女儿改嫁。郑善果母亲理解父亲的苦衷，她在对父亲表示谢意的同时，拒绝了父亲让她改嫁的建议，她对父亲说："我的丈夫虽然死了，但所幸还有善果这个儿子，抛弃年幼的儿子是不够慈善的，背叛死去的丈夫是不守礼节的行为。我宁愿割耳截发，也不敢遵从父命。"

崔氏对父亲表明了坚决不肯改嫁的决心。"割耳截发"，是一个很生僻的词，这个词所说的事最初始于唐朝，死了人或是为什么人请命的时候，情绪过于悲伤或激动不已的时候，把自己的耳朵割破，把自己的头发剪了。这样做的目的无非是发愿与明誓。

郑善果的外公见女儿说了如此决绝的话，就此作罢，不再坚持让女儿改嫁了。

不久，郑善果继承了父亲的爵位，14岁时，便出任沂州刺史、鲁郡太守，成为隋朝当时最年轻的地方官。

郑善果的母亲是一位博涉书史、明理识治的人。每当郑善果出堂审理公事时，崔氏总是坐在帐后的胡床上，仔细聆听着剖断情况。如果郑善果行事有偏，或是断案不公，崔氏便终日不食，蒙着被子哭泣。她对儿子说："我不是恼怒你年少幼稚，而是愧对郑家门户啊！你的先父为官清廉，从来不假公济私，后来以身殉国。我只盼望你能继承父志，立身行事，公正无私。我是一个妇人，有慈无威，致使你不知礼教，不守父训，长此以往，你又怎能担负起忠臣的重任，治理好公务？这样，家风败坏，丢官失爵，我死之日，哪里还有面目去见你父亲呢？"

听了母亲的这番话，郑善果先是很激动，觉得自己有这样的父亲感到光荣，同时，也为母亲对自己的担心深表惭愧，深深自责。从此，郑善果认真对待工作，处理公务严明公正，被人们称道。

.郑善果想到了这些，看着在织布机前聚精会神织布的母亲，心里生出对母亲的敬意。他对母亲说："娘，您老人家早些歇着啊！"回身他来到书房，认真审读起卷宗来，这是明天要审理的一桩案子。在母亲崔氏的经常督促下，郑善果谨遵母训，勤于职守，克己奉公，被评定为当时最清廉的地方官。

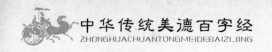

◎故事感悟

崔母明事理，分善恶，在教育儿子方面尽心尽责。正是因为崔母的悉心教导，才有了一位为民做主、克己奉公的朝廷命官。

◎史海撷英

三省六部制

三省六部制为我国古代所设立的一套组织严密的中央官制。三省分别指中书省、门下省、尚书省，六部则指尚书省下属的吏部、户部、礼部、兵部、刑部、工部。每部又各辖四司，因而共为24司。

在三省当中，尚书省是在东汉（当时称尚书台）时期形成的，中书省和门下省则是在三国时期才形成。在后期的发展过程中，其组织形式和权力也都各有演变。

到了隋朝时期，隋文帝杨坚综合汉代的魏官制创立了三省六部制，其主要职责是掌管中央政令及政策的制定、审核与贯彻执行等。后来因避杨忠讳，改中书省为内史省。

唐朝时期，基本也沿用了隋朝的这一制度，并对其有所补充与发展。因避李世民讳，又改民部为户部。

宋朝时期承唐代的制度，但三省六部的主要职权却都已转移到了其他的机构，三省六部也是有名无实。

辽代设官同宋制。金、元、明都只设了一省六部。其中，金为尚书省；元、明为中书省。1380年，明朝政府罢中书省，将中书省的权利分别归于六部。自此，六部便取代了三省六部制。

三省六部制的主要特点在于分散了丞相及中央机构的权力，将相权"一分为三"，使之互相牵制；同时，又将尚书省的权力分为六部，限制了地方割据势力的产生与发展，同时又推动了部门牵制与机构运转，从而使封建皇权得到加强与巩固。

近水楼台不吃鱼

◎一尺三寸婴，十又八载功。——《劝孝歌》

> 陶侃（259—334年），字士行。江西鄱阳人，晋朝名将。出身寒门的陶侃自讨平张昌叛乱开始，一直以战功而不断升迁，最终到达太尉之位，并掌握重兵，都督八州军事并任荆江两州刺史，这在士族垄断高位的东晋简直就是个例外。陶侃不单对东晋的建立与维持在军事上作出贡献，本身亦甚有治迹，治下荆州太平安定，路不拾遗，故而深受人民爱戴。

西晋时期，庐江有个叫陶侃的人，他通过好朋友范逵的推荐，谋到一个负责监管县衙养鱼池的差使。

陶侃新上任，穿戴整齐，没事就在鱼池边绕来绕去，看着手下人喂鱼捕鱼，觉得很新鲜。这也难怪，陶侃初来乍到，对这里的一切都感到新鲜是很自然的事。

有一天，县衙来了客人，县官通知陶侃马上捕几条鱼送去。陶侃不敢怠慢，立刻命令手下人去捕鱼。鱼捕上来，火速送到了县衙。

陶侃问送鱼人，老爷厨下师傅的厨艺如何？手下人回答说："做鱼的手艺，在这浔阳城里很难再找出第二个来。"

听手下人这样说，陶侃点了点头，似乎心里有数了。

也许是手下人有意巴结陶侃，那天晚上，在月亮刚刚从东山头爬上来的时候，陶侃被手下人请到看鱼池的小房子里，请陶侃小酌。

不大的餐桌上摆满了鱼肴，起码有五六样，香味直往陶侃的鼻子里钻。

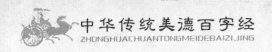

再看那些菜肴，清蒸的本色不改，简直活灵活现；红烧的古色古香，酷似古董宝贝；干炸的金黄金黄，不免使人联想到富贵与富贵伴生而来的美好。

陶侃还没等上桌，已经垂涎欲滴了。

手下人见陶侃站着不动，一双眼睛已经定在了菜上，微微笑道：

"您老人家放心，近水楼台，咱们吃的这一点点儿根本算不得什么，咱们看紧点儿，少浪费点儿，啥都有了。"

听了手下人这样说，陶侃心里明白，似乎也觉得心安理得，于是不再客气，与手下人对饮起来。

这顿鱼宴，是陶侃有生以来吃的味道最美也是最香的鱼肴，给他留下了难以忘怀的印象。陶侃知道，这菜就是这个手下人自己做的。

过后，在回味鱼肴美味的同时，陶侃想到了自己的母亲，心里很不好受。

母亲湛氏纺纱织布养家糊口供自己读书，希望自己能有出头的一天。想到这里，陶侃的眼里溢满了泪水。

手下人听说了陶侃的身世之后，安慰他说："往后就好了，你是高官得做，骏马任骑。"

"这是怎么说？"陶侃问手下人。

"这还用问吗？你的朋友不是范逵吗？范逵与咱们老爷的上司张夔关系好着哩！来日方长，你发迹的时候还在后头呢！"

从此，陶侃和这个手下人话越说越投机，越处越近便，被陶侃视为知心。手下人知道陶侃那天流眼泪是出于孝心，就撺掇陶侃私自捕捞了几条鱼，做了一道鲜美的菜，又附上一封信，叫手下人特意给母亲送去了。

湛母问明情况后，心里很不高兴。她将那美味的鱼重新包好，给儿子写了一封回信，交给来人退了回去。

湛母在信里责备陶侃说："尔为吏，以官物遗我，非唯不能益吾，乃以增吾忧矣。"意思是说，你是国家的官吏，应该公私分明，拿官家的东西孝敬我，对我没有丝毫好处，反而增添了我的忧虑。你应该自磨自励，以免辜负做母亲的一片苦心啊。

手下人见陶侃的母亲湛氏这样，心想，完了，陶侃的前程就断送在这个穷婆子手里。

陶侃接到母亲的信和被退回来的鱼，心里很不是滋味。不过，当他读完了母亲的信之后，开始对自己的行为懊悔不已，也开始对那个"知心"的手下人冷眼相向了。

其实，话说回来，范逵所以看重陶侃，缘故还是在陶侃的母亲湛氏身上。

一天，陶侃的朋友范逵从鄱阳来到他家，湛母手中拮据，无钱招待范逵，便偷偷剪下发辫去换钱买酒，又把床上的新编草席斫碎，以喂饱范逵的马。

范逵本是一位孝廉，对陶侃母亲的行为感动不已。他叹息着说："有这么贤能的母亲，儿子肯定错不了。"

当他返回鄱阳路过庐江时，便向太守张夔推荐陶侃，让陶侃在浔阳县当上了县吏。陶侃监管鱼池的差使就是这么来的。

母亲湛氏给儿子陶侃的信，使陶侃深受教育。以后的几十年里，陶侃先后担任了广州刺史以及征西大将军等重要官职，为西晋时期政绩昭然的一代名臣。他为政缜密，勤于职守，公私有别，不沾官家财物，又常劝勉手下人不要醉酒赌博，要珍惜每一寸光阴。

◎故事感悟

陶侃如果没有公私分明、坚持"近水楼台不吃鱼"，没有湛氏这样的母亲，前程且不说，但成为贪官的可能确是存在的。正是有了湛氏，才又多了一个清廉的好官。

◎史海撷英

陶侃投身戎旅，建立军功

西晋末年，秦、雍一带的人民因遭受天灾和战乱，大量流徙到梁、益地区。

永宁元年（301年），流民因不堪当地官吏的欺压，聚众起义，西晋朝廷忙调集荆州部队到益州进行镇压。然而，被调发的荆州部队都不愿远征，但又受当地官吏的驱迫，于是便转而屯聚起事。太安二年（303年），义阳蛮张昌又在江夏聚众起义。很快，张昌就攻下江夏郡，旬月之间起义军已达到3万。

张昌势力的发展引起了西晋朝廷的不安。朝廷随即派南蛮校尉、荆州刺史刘弘率领军队前去镇压。刘弘上任后，便任命陶侃为南蛮长史，并命他为先锋开赴襄阳，讨伐张昌。

能得到刘弘的重用，陶侃十分高兴，因此，陶侃率军进驻襄阳，可刘弘军却在宛被张昌打败。张昌转攻襄阳不下，便沿汉水进入长江。一时间，荆、江、扬等州大部分地区为张昌所攻占。刘弘又命陶侃进攻张昌，陶侃连战皆捷，最终将这次起义镇压下去。

在这个过程中，陶侃的军事才能令刘弘十分感叹。他对陶侃说："吾昔为羊公参军，谓吾其后当居身处。今相观察，必继老夫矣。"羊公即羊祜。晋吴对峙，陶侃曾镇守荆州近20年，为晋更吴立下了大功。刘弘自认为年老难继羊祜功业，所以希望陶侃在荆州能够有所作为。后来，陶侃果然当上了荆州刺史。

◎文苑拾萃

陶侃轶事

陶侃在广州时，没事时总是早晨把白砖运到书房外边，傍晚又将砖搬回书房。别人问他为什么这样做，他回答说："我正在致力于收复中原失地，过分悠闲安逸，唯恐不能承担大事，所以才使自己辛劳罢了。"

陶侃生牲聪慧敏捷，做人谨慎，为官勤恳，整天严肃端坐。军中府中众多的事情他都经常检查管理，没有遗漏，也不曾有片刻清闲。他经常对人说："大禹是圣人，还十分珍惜时间；至于普通人则更应该珍惜分分秒秒的时间，怎么能够游乐纵酒？活着的时候对人没有益处，死了也不被后人记起，这是自己毁灭自己啊！"

有一次，陶侃外出，看见一个人手拿一把未熟稻谷，陶侃就问这人："你拿它做什么？"那人回答："在路上看见的，就随意拿来罢了。"陶侃大怒，说："你既不种田，又拿别人的稻子戏耍！"陶侃抓住这个人，鞭打了他一顿。因此在他的治理下，百姓都勤于农事，家中充足。

造船时，陶侃命人将用剩下的木屑和竹头登记后收藏起来，大家都不明白这样做的原因。后来大年初一聚会时，地面积雪，天空刚放晴，厅堂前积雪，地面还潮湿，陶侃便用木屑铺散地面。等到桓温伐蜀时，陶侃又用保存的竹头作钉装船。陶侃综合料理事物总是这样，极其细密。

韩康伯替母分忧

◎爱亲者，不敢恶于人；敬亲者，不敢慢于人。——《孝经·天子》

韩康伯（生卒年不详），名伯，字康伯，颍川长社（今河南长葛西）人，东晋玄学思想家。韩康伯自幼聪明，家境贫寒，史称康伯"清和有思理，留心文艺"，舅舅殷浩称他"能自标置，居然是出群之器"。韩康伯历官豫章太守、吏部尚书、领军将军等。

晋朝时候有个韩康伯，小时候家里很穷，冬天连棉衣都穿不上。小康伯体谅母亲的难处，从不向母亲要吃要穿，时常说些笑话，去排除母亲的忧虑。

又一个冬天到了，老天爷好像故意和穷人做对，天气特别冷。结冰了，飞雪了，小康伯还是穿着单衣单裤。母亲看着孩子冷得浑身发抖的样子，心里十分难受，求亲告友，东挪西借，凑了一点钱，回家一算，仅够做一件棉袄的，棉裤还是没有着落。

怎么办？先把棉袄做了再说吧。母亲赶忙到市上买了块最便宜的布，回到家里就忙着给小康伯裁棉袄，边裁边安慰儿子说："好孩子，等妈给你做好了棉袄，就再厚着脸皮去借点钱，给你做棉裤。"说着说着眼泪便流了出来。

这时小康伯正帮着妈妈拿熨斗熨布料，看着妈妈哭了，心里特别难受，怎么才能去安慰妈妈呢？看着被炭火烘热了的熨斗，他有了主意。他握着熨斗把，好像有重大发现似地说："妈妈，不必做棉裤了，我穿上棉袄，全身上下都会暖和的。"

母亲停止了哭泣，瞪大了双眼，疑惑不解地问道："傻孩子，光穿棉袄，不穿棉裤，怎么能全身都暖和呢？"

　　韩康伯指着熨斗调皮地说："妈妈，您看，这炭火在熨斗里，连熨斗把都被烘热了。根据这个道理，我穿上棉袄，下身也会变暖和的。"

　　母亲被小康伯稚气的话逗乐了，知道这是他在说笑话安慰自己，哪有光穿棉袄不穿棉裤，下半身也会变暖的道理呢？

◎故事感悟

　　有这样懂事的孩子，自己就是再苦、再累、再难也值得。母爱和对孩子的热切期盼给了她多么大的生活的力量和勇气啊！

◎史海撷英

十三经的发展和演变

　　十三经是由汉朝的五经逐渐发展而来的，最终形成于南宋时期。

　　汉朝时，以《易》、《诗》、《书》、《礼》、《春秋》为五经，立于学官。唐朝时，《春秋》又被分为三传，即《左传》、《公羊传》、《谷梁传》；《礼经》被分为三礼，即《周礼》、《仪礼》、《礼记》。这六部书再加上《易》、《书》、《诗》，并称为九经，也立于学官，用于开科取士。

　　唐文宗开成年间，内容除了九经之外，又增加了《论语》、《尔雅》、《孝经》三部。五代十国时，后蜀国主孟昶刻十一经，收入到《孟子》中，排除了《孝经》和《尔雅》。

　　南宋时期，《孟子》正式成为"经"，与《论语》、《尔雅》、《孝经》一起，加上原来的九经，构成了十三经。

中华传统美德百字经
ZHONGHUACHUANTONGMEIDEBAIZIJING

◎文苑拾萃

《题赵善长为李原复所画山水》节选

（元）王逢

齐东赵原吴下客，辞荣养母韩康伯。

酒狂忽忆雍熙时，画法荆关海岳窄。

魁峰杰岭大将颜，秀厓峭壁仙卿班。

云岚瀴勃嵩华表，石栈荦确崝函间。

翚飞楼阁深翠隐，兽群远迹人烟近。

一瀑天垂雪练绅，万松花落黄金粉。

森萝翳槲杳莫尽，若闻行歌采芝菌。

旁观众攫攘，妙洒独心苦。

神工精会合，鬼物毛竦竖。

蛙黾扁舟露沙溆，磨轮新坊俯场圃。

雌伏鸡窠悬在梁，磬折田翁饲其牯。

土膏不假酥雨润，帘脚似逐东风顺。

贡联包瓯旅裹粮，驴驱马驮力角奋。

怛然阁笔泪满腮，龙虎虚卧溧阳台。

累朝德泽百年运，短褐老去江南哀。

我诗题罢春泼眼，又见他乡鸿雁回。

崔玄暐母教子有方

◎今之人，话师法，积文学，道礼义者为君子；纵性情，安恣睢，而违礼义者为小人。——《荀子》

崔玄暐（？—706年），唐代博陵郡安平县人，名晔，因避讳武则天父，以字行。崔玄暐与张柬之、敬晖等人乘武则天重病发动神龙政变，迎立唐中宗，封博陵郡王，后遭韦皇后流放而死。

崔玄暐兄弟为官清正，与他们的母亲卢氏明辨是非、教子有方有很大关系。母亲曾告诫崔玄暐说："我曾听姨兄辛玄驭说，儿子在外做官，如果有人来说他穷得过不下去，这是好消息；如果说他财产丰足，衣锦马肥，这就是坏消息。我很重视这句话，觉得很有道理。我经常看到亲戚家在外做官的子弟送给父母许多财物，而父母只知道高兴，却不问这些财物是怎样来的。如果这是俸禄的余额，当然是好事，但如果是非正当收入，那又与盗贼有什么区别？就算是没有大罪过，自己内心能不感到惭愧吗？你现在享受国家的俸禄已很荣幸，如果不能做到忠正清廉，那靠什么立身于天地之间呢？所以你应当修身洁己，不要辜负了我这番心意。"

崔玄暐牢记母亲的教诲，为官清正廉洁，谦虚谨慎。长安元年（701年），他担任负责选拔、考核官吏的天官侍郎时，耿直清正，拒绝请托，颇受执政者忌恨，于是被调任文昌左丞。过了一个多月，武则天召见他说：自你改任文昌左丞以来，"选司（即吏部，当时称天官）大有罪过"，听说一些令史甚至设宴庆贺你调职，这说明他们想趁此机会大干贪赃舞弊的坏事，"今要卿复旧任"。于是又再次任命他为天官侍郎，并赐给他各色彩帛70匹。

武则天时，被酷吏来俊臣、周兴等人罗织罪名，肆意诬陷，遭抄家籍没厄运的人多达数百家。长安四年（704年），崔玄暐任凤阁侍郎知政事（即宰相）时，多次向武则天陈述他们的冤枉。武则天有所感悟，为了收揽人心，遂下令给他们平反昭雪。

当时，武则天的内宠张昌宗、张易之兄弟恃宠横行，朝臣或依附他们，或敢怒而不敢言。御史中丞宋璟不畏权势，弹劾张氏兄弟图谋不轨。崔玄暐也多次揭露他们的罪行。武则天迫于朝臣的舆论，下令将二张交司法机构审理，但内心并不想惩办二张，只是想做做样子了事。崔玄暐当时任司刑少卿，他不迎合武则天的意图，也不怕日后报复，将二张斩首。

◎故事感悟

由于母亲的谆谆教诲，崔玄暐不仅为官清正，而且对于那些幼年丧父而又贫穷的亲族子弟，也很关心、爱护，往往亲自抚养、教育他们，因而深为当时人所赞誉。

◎史海撷英

韦后之乱

弘道元年（683年）唐中宗即位，次年，立韦后为皇后。同年，中宗被武则天废黜，迁于房州（今湖北房县），韦氏随行。

神龙元年（705年），唐中宗又坐上了皇帝位置。每次中宗上朝时，韦后都要坐在殿上的帘子后面闻听政事。中宗复位后不久，就任用曾为武则天掌管文书的上官婉儿主持撰述诏令，并令武三思为宰相。就这样，朝中便形成了一个以韦氏为首的武、韦专政集团。

当时，太子李重俊不是韦氏所生，所以韦后便很想废掉他，安乐公主与她的丈夫武崇训（武三思子）也时常侮辱李重俊。李重俊无法忍耐，便于神龙三年七月发动部分羽林军，杀死了武三思与武崇训，并谋诛韦后和安乐公主。可是暴动中羽林军突然倒戈，导致政变失败，李重俊也被杀死了。武、韦集团权势依旧不减。

此时，内地水旱灾情日益严重，民不聊生，唐中宗每日却只知道与韦后淫乐，不理朝政，还处死了上书告发韦氏乱政的人。景龙四年（710年），韦氏害怕自己的丑行暴露，安乐公主也想让母亲韦氏临朝，自己为皇太女，便合谋毒死了中宗。

唐中宗死后，韦后果然临朝摄政，并立李重茂为帝，史称唐少帝。不久后，韦后又将南北军队的统帅权交给韦氏子弟，并也想效法武则天，自立为帝。临淄王李隆基（后来的唐玄宗）与太平公主（武则天之女）发动兵变，杀死韦后、安乐公主、上官婉儿及诸韦子弟，迫少帝让位，立相王李旦（李隆基父）为帝，即为唐睿宗。韦后之乱至此结束。

◎文苑拾萃

《臣轨》

《臣轨》是唐代女皇武则天所撰。唐上元二年（675年）三月，武则天命文学之士著作郎元万顷、左史刘祎之等人修撰此书，作为臣僚借鉴之书。

该书共两卷，十篇，分国体、至忠、守道、公正、匡谏、诚信、慎密、廉洁、良将、利人十章。轨，即规矩、标准的意思。此书以儒家传统道德观念为基础，论述为臣者正心、诚意、爱国、忠君之道，作为臣僚的座右铭与士人贡举习业的读本，永远维持封建统治地位。可惜原书久佚，现只有《粤雅堂丛书》本，据日本《佚存丛书》本刊行。

当时，《臣轨》与唐太宗所著的《帝范》一直并行。虽然二者出自唐代两位皇帝笔下，但一个是约束臣子，一个是规范皇帝，其中所反映的气度与胸襟是不同的。在文字上，《帝范》也要胜《臣轨》一筹。

蔡襄替母完成心愿

◎父子有亲，君臣有义，夫妇有别，长幼有序，朋友
有信。——《孟子》

蔡襄（1012—1067年），字君谟，号莆阳居士，谥号忠惠，北宋兴化仙游（今中国福建省仙游县）人，北宋时期的政治家、书法家和茶学专家，著有《茶录》《荔枝谱》等书。

宋朝有一位著名的大臣叫蔡襄，他为人忠厚正直，讲究信义，而且书法造诣也相当精深，后人论及宋代书法，素有"苏、黄、米、蔡"四大书家的说法，其中的"蔡"指的就是蔡襄。

蔡襄的人品和才华之所以能为后人称道，除了他个人的努力外，也与他从小就受到良好的家庭教育有关。尤其是蔡襄的母亲，向来就很严格地教导蔡襄古圣先贤为人处世的道理，为他以后的发展打下了坚实的基础。

传说中有这么一件事。蔡襄的母亲还怀着蔡襄的时候，一次，要经过一个叫洛阳江的渡口，坐船到对岸去。那时正是夏天，风刮得很盛。刚开始渡江时，江水还比较平稳，就在船只行到中途的时候，忽然一阵狂风吹起，顿时波涛大作，水花四溅，船身晃动得非常厉害。

船上的乡亲们脸色大变，由于大家过分的惊慌使得船只更加摇晃了。蔡襄的母亲怀有身孕，内心虽然害怕，但还是显得很镇定。她安慰同船的乡亲们，不要沮丧，不可慌了神没有主见，越是紧急关头，越要强作精神，挺过难关。

突然，阴霾密布的天空中划过一道闪电，船上的人都听到空中发出一阵

洪大的声音："不要伤害蔡学士，不要伤害蔡学士。"这声音持续了三遍。船上的人都听到了。大家正觉得不可思议时，风浪立刻就止住了。

这时大家慢慢回过神来，你瞧瞧我，我瞧瞧你，那眼神似乎都在问：到底谁是蔡学上啊？他可是我们的救命恩人呢！船家就一个挨一个地问，大家都不姓蔡。问到了蔡襄的母亲，大家才知道事情的真相，啧啧称奇。

于是蔡母就当着乡亲们的面发愿说道："我的儿子以后果真金榜题名做了学士，一定让他在此地筑一座桥，帮助渡江的人。"

后来，蔡母顺利生下蔡襄。蔡襄天资聪颖，又勤奋上进，长大了去参加考试，果然考中了状元。朝廷给他封了官职，让他做家乡泉州的地方长官。蔡母在儿子飞黄腾达以后，虽然时隔多年，却没有忘记当初对众人许下的愿，于是就催促蔡襄在公事之余加紧修造桥梁，以便早日造福百姓。

但是，洛阳江濒临大海，水深莫测，而且一月之中几乎天天涨潮。潮来时，水雾遮天，波涛滚滚，如万马奔腾之势，很难施工。有时刚刚修好了一部分基座，却被突如其来的大潮给冲垮了，而同时被大水淹死的工人也不少。蔡襄看着被大潮击坍的工程和疲惫不堪的工人们，心生怜悯，下令先停工。

尽管如此，蔡襄还是念念不忘想着修桥利民，因此，他亲自请来了远近闻名的水利专家，带着自己的随从们来到江边勘察地形。

在认真仔细地查看了地形，分析了风向与潮汐间的关系以后，那些专家们都摇着头，劝蔡襄取消这项工程，因为海边潮汐的到来是一天也不停止的。有时候情况稍微好一点，也只能维持一天的歇潮期，到了第三天，大潮就如期而至；而要想修桥，先要夯基，但就算集中了最优秀的建筑师，招募了最能干的工人，也需要七天的时间才能将基座夯扎实。

蔡襄听了他们的话沉默不语。回到家中，蔡母见他分外忧愁，就问他什么原因。蔡襄如实以告。蔡母对他说："我们的先祖有向海神祷告的风俗，你可以拟一份疏文，择一个好的时日，去海边进香焚疏，虔诚地把事情的原委告诉海神，让他体恤你，停止潮汐一段时间，让你有足够的时间启动工程。"

蔡襄听了母亲的话就照着去做了，果然，因为蔡襄替母亲完愿的心思非常殷切，海神被他至诚的真心和淳厚的孝心打动了，便停止涨潮达八日之久，这在以前是很难遇到的。于是，蔡襄就命令工人在这八天里赶紧动工，先把基梁打好，然后，修建余下的工程就快多了。不出一月，桥就落成了，百姓欢庆，对他感恩戴德，蔡襄为民造福的美名也被广泛流传。

◎故事感悟

蔡襄能够不忘母亲的心愿，时时以母愿为己愿，真正做到了孝顺；他又能替母亲履行当年许下的诺言，这又做到了信。在自然环境很恶劣的情形下，蔡襄克服困难，排除险阻，修好桥梁，造福百姓，千古史册留芳名。

◎史海撷英

蔡襄与贡茶

蔡襄是北宋的名臣，他不仅是一位出色的政治家、文学家、书法家，还是一位茶学家。他为官期间，清正爱民，积极发展当地经济，为福建茶业及茶文化的发展作出了一定贡献。

种茶最早的文字记载见于唐代孙樵的《送茶蕉刑部书》。书中记载："晚甘侯"（唐代名茶中的一种）产于"建阳碧水丹山之乡，系月涧云龛之品"。当时，建溪流域所产的茶都统称为"建茶"、"建茗"。

南唐后主李煜曾派官员专程到建安设立"龙焙"，监制"建茶进御"，指定专制"龙茶"。到了宋代，丁谓任福建转运使，监制御茶时，尤其重视御茶采摘制作的"早、快、新"，如"社前十日即采其芽，日数千工繁而造之，逼社即入贡"。由于采制甚精，在丁谓手中，北苑茶便已誉满京华，号为珍品。到了宋庆历年间（1041—1048年），蔡襄创制了小龙团茶，被朝廷视为珍品。《苕溪渔隐丛话》也说，北苑茶大小龙团"起于丁谓，而成于蔡君谟"。的确，蔡襄在为福建转运使时，将北苑的茶业发展到了新的高度。他从改造北苑茶品质花色入手，求质求形。在外形上，改大团茶为小团茶；在品质上，采用鲜嫩茶芽做原料，并改进制作工艺。为此，欧阳修在《归田录》卷二有云："茶之品莫贵于龙凤，谓之团茶。凡八饼重一斤。庆历中蔡君谟为福建转运使，始造小片龙茶以进，其品绝精，谓之小团。凡二十饼重一斤，其价值金二两。"

◎文苑拾萃

《荔枝谱》

《荔枝谱》为宋代蔡襄所撰，共七篇。其一原本始，其二标尤异，其三志贾鬻，其四明服食，其五慎护养，其六时法制，其七别种类。《荔枝谱》曾经为手写刻之，现在尚有石本传于世，也载在其所著的《端明集》中。

蔡襄生于闽中，又多年在闽中做官，因此，他对于福建地方的特产荔枝非常熟悉。《荔枝谱》一书也是他在嘉祐四年（1059年）担任泉州知州时所作的。

《荔枝谱》的起始，便介绍了荔枝的产地和历史，"荔枝之于天下，唯闽、粤、南粤、巴蜀有之。汉初，南粤王尉佗以之备方物，于是始通中国"。同时蔡襄还申明，自己作《荔枝谱》是有感于中原所见的荔枝仅是岭南、巴蜀所产，又均非佳品，而不知福建的优质荔枝，因此特意收集有关福建荔枝的资料，撰写而成。他说："闽中唯四郡（福州、兴化、泉州、漳州）有之"，"列品尝高，而寂寥无纪，将尤异之物，昔所未有乎，盖亦有之而未始遇乎人也。予家莆阳，再临泉、福二郡，十年注还，道由乡国，每得其尤者，命工写生，萃集既多，因而题目，以为倡始"。因此，书中所记载的荔枝主要是福建四郡所产的，并借以向人们介绍了有关荔枝的一些常识。

董昌龄母教子去逆

◎大匠诲人必以规矩，学者亦必以规矩。——《孟子》

> 董昌龄（生卒年不详），唐蔡州（今河南汝南）人，少年丧父，在母亲杨氏的养育下长大成人。

　　董昌龄曾先后在淮西节度使吴少诚、吴少阳手下任职。吴少阳的儿子吴元济任节度使时，任命他为吴房（今河南遂平）县令。当时，淮西镇长期实行割据，吴元济更是公然对抗朝廷。杨氏认为吴元济对抗朝廷必败无疑，于是悄悄对儿子董昌龄说："逆顺之理，成败可知。"在董昌龄还没有打定主意时，吴元济又派他去郾城任县令。杨氏告诫董昌龄说："'逆党欺天，无所不福'，你应尽早投降朝廷，不要顾虑过去的事情，不要挂念老母亲，只要你能成为朝廷的忠臣，我就是死了也不悔恨啊！"

　　朝廷派大将李光颜率军进攻淮西，逼近郾城，并包围清陵城（今河南漯河西南），断绝了郾城守军的退路，郾城守将邓怀金十分恐惧，于是就与担任县令的董昌龄商量对策。董昌龄由于一直受到母亲杨氏的劝诫，早已有意脱离淮西，归顺朝廷。因此他力劝邓怀金向李光颜表示归顺的诚意，并向李光颜献计说："城中之人的父母妻儿都在蔡州做人质，如果不战而降，全家老小都会被屠杀。所以请官军先来攻城，到时，我们则举烽火求援。当淮西救兵将要到郾城时，如官军迎击，必能将其击败，这时，我们再开城出降，家属就不至于被杀了。"李光颜接受了这一建议。首先佯攻郾城，当淮西派兵救援时，李光颜调动主力一举击溃了淮西援兵。于是董昌龄捧着大印，率领县衙属吏，列队站在城门外，邓怀金与下属将领穿白衣，戴白帽，倒拿武器，列队站在城门内，向李光颜投降。李光颜遂率军入城受降。

唐宪宗听说这件事后，很高兴。立即召董昌龄进京觐见，并授以颜城县令兼监察御史的官职。董昌龄一边哭一边向皇帝谢恩，并说我今日能脱离叛逆，归顺朝廷，都是由于老母亲平日的教诲。唐宪宗听后感叹良久。

董昌龄归顺朝廷后，吴元济囚禁了杨氏，曾几次要杀她。朝廷平定淮西后，杨氏才得以幸免。元和十五年（820年），陈许节度使李逊向皇帝上奏，陈述了杨氏的深明大义，于是皇帝下令册封杨氏为北平郡太君。

◎故事感悟

由于母亲的劝诫，董昌龄明白顺逆之礼，最终反戈一击归顺朝廷。杨氏深明大义，是有思想、有见识的母亲。

◎史海撷英

泾师之变

建中二年（781年）的正月，河北成德镇节度使李宝臣因病死去。按照以往的规矩，藩镇节度使死后，其职位和土地都会传给子孙，因此李宝臣的儿子李惟岳便上表唐德宗，请求继承父亲的职位。

然而，唐德宗即位之初就打算革除藩镇父子相传、不从朝廷的弊端了，因此，在收到李惟岳的上表后，他坚决拒绝了李惟岳的要求。这样一来，魏博节度使田悦、淄青节度使李正己、山南节度使梁崇义等人，都为了各自的利益，与李惟岳密谋联手，准备以武力抗拒朝廷。

唐德宗闻讯后，征调万余兵力戍守关东，准备以武力削藩。在开始阶段，德宗取得了很大的胜利：淄青李正己病死后，其子李纳被打得大败；李惟岳被其部将王武俊杀死；只有田悦还在魏州负隅顽抗。

　　然而，在削藩过程中，唐德宗是利用藩镇打藩镇，结果导致参与朝廷削藩战役的幽州节度使朱滔等人的不满，形势很快发生了逆转。建中三年（782年）底，卢龙节度使朱滔自称为冀王，成德王武俊称赵王，淄青李纳称齐王，魏博田悦称魏王，"四镇"以朱滔为盟主，开始联合对抗朝廷。

　　不久后，战火从河北很快就蔓延到了河南等地。建中四年（783年）十月，唐德宗准备调往淮西前线平叛的泾原兵马，结果在途经长安的时候，因为没有得到赏赐，加上供应的饭菜较差，士兵发生了哗变，从而导致了历史上著名的"泾师之变"。

　　无奈之下，唐德宗仓皇逃往奉天（今陕西省乾县），成为唐朝历史上继唐玄宗、唐代宗之后又一位出京避乱的皇帝。随后，泾原兵马拥立朱滔的兄长，曾担任泾原军统帅的朱泚为大秦（后改为汉）帝，年号应天。朱泚进入奉天后，其前线李晟、朔方节度使李怀光等人也从河北撤军勤王，削藩之战至此终止。

◎文苑拾萃

《打金枝》

　　《打金枝》是一出著名的晋剧。

　　该故事所讲的是：唐代宗将自己的女儿升平公主嫁给汾阳王郭子仪的六儿子郭暧为妻。有一次，汾阳王郭子仪花甲寿辰，儿子、女婿等都纷纷前来拜寿，只有升平公主不肯来，结果引起众人议论。郭暧很生气，回宫后动手打了公主。公主受了委屈，就跑回皇宫向父亲代宗哭诉，并逼求代宗治罪郭暧。郭子仪闻讯后，亲自绑了自己的儿子上殿向代宗请罪。唐代宗是个明事理、顾大局的人，不仅没有责怪郭子仪与郭暧，反而还加封了郭暧。就这样，郭暧和升平公主夫妻俩消除前嫌，和好如初。

李太后教子

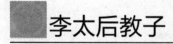

◎夫子循循然善诱人。——《论语》

> 明神宗朱翊钧（1563—1620年），明朝第十三代皇帝，年号万历，是明穆宗朱载垕的第三子。隆庆六年（1572年），穆宗驾崩，10岁的朱翊钧登基，是为明神宗。神宗在位48年，谥号为"范天合道哲肃敦简光文章武安仁止孝显皇帝"。

　　教育子女历来为治家之大事，且为至难之事，平民百姓家尚且如此，更不用说帝王之家了。帝王之家中，又尤以少年皇帝最难管教。试想，身为皇帝，尽管年少，也是无上至尊，一言一行都是圣旨圣意，即便是生母太后，名位也要由小皇帝尊封，母以子贵乃是封建伦理纲常之规。正因为如此，在中国历史上，皇帝年幼登极，母后临朝称治的居多，真正以严慈约束管教小皇帝的则并不多见。明神宗万历皇帝的母亲李太后便是那为数不多的母后中管束儿子最为突出的一个。

　　隆庆六年（1572年）六月，明神宗即皇帝位时，年仅10岁。这时明朝的国势已经衰败不堪，种种弊端日盛一日，于是李太后担起了内外之事。在宫内，她严格管教神宗；在朝中，她委任大学士张居正实行改革，居然使明朝一度得以恢复元气，暂时延缓了衰亡。

　　明神宗10岁登极，虽然做了皇帝，仍难免有些贪玩。每当他贪玩不好好读书时，李太后就罚他长跪。明朝皇帝听儒臣讲经史称做"经筵"或"讲筵"，明神宗每次赴"讲筵"听儒臣们讲课后，回到后宫，李太后就让他装做讲臣，自己作为听讲的人，行礼入座，把听过的东西再照讲一遍，以考查他是否认

中华传统美德百字经
ZHONGHUACHUANTONGMEIDEBAIZIJING

真听、记了。正因为李太后非常重视，明神宗也便把"经筵"当做大事。有一年夏天赴"经筵"时，一个侍从宦官偷偷扇了几下扇子，被明神宗看到了，回到宫中，他把那个宦官召去责罚了一顿，说道："诸先生在旁，见尔摇扇，以为我无家法也。尔不畏诸先生耶？"

那时候上早朝，五更天就要起床。神宗少年贪睡，哪里起得来？李太后就亲自去唤他："帝起，今日早朝。"让两名宦官一左一右将神宗从床上扶起来，架住了不让再躺下，马上取水给他洗脸，然后给他穿好衣袍，架到辇车上，上朝而去。

万历六年（1578年），明神宗已经16岁了，李太后看他已长大成人，为他举行过大婚之后，就要回居自己的慈宁宫去，临行前叮嘱内阁首辅张居正："吾不能视皇帝朝夕，先生亲受先帝付托，其朝夕纳诲，终先帝凭几之谊。"

李太后虽然回到慈宁宫，不在神宗身边了，但是对他的管教仍然很严格。万历七年（1579年）的一天夜里，明神宗在西城设宴饮酒，让身边内侍唱支新曲，内侍哪里会唱什么新曲，刚刚开口说不会，神宗就借酒醉发起脾气来，拔出宝剑，非要杀了内侍不可。左右连忙劝解，最终还是让那内侍跪下来，用剑割掉一束头发了事。第二天一早，李太后得知此情况，不由大怒，马上让人传话给大学士张居正，命他上疏批评皇帝，让神宗自己写《罪己诏》作检讨。这还不算，还把神宗召来长跪，数落他的过错，而且骂道："天下大器，岂独尔可承耶？"直到神宗哭着请求让他改过，才算了事。后来有人传言说，李太后当时曾经让人取来《霍光传》读，不知是否真的有心另立皇帝。

明神宗宠幸郑贵妃，一心想立郑贵妃的儿子为皇太子，可是他先与一个宫女王氏生下了长子朱常洛，不便废长立幼，因此迟迟不肯册立太子。有的官员上疏言及此事，遭到谪贬。李太后听说后很不高兴，找机会问起此事，神宗说道："彼都人子也。"意思是说皇长子朱常洛是宫女所生，地位低贱，因此不宜立为皇太子。李太后听罢大怒道："尔亦都人子！"原来李太后当初也是穆宗为裕王时王府中的侍女。神宗见母亲动怒，惶恐至极，伏地不敢起。朱常洛因此被立为皇太子。

明神宗不成材，但是他少年时却因母亲的严格教育而颇有英明之名，人

38

谓之为"小世宗"，把他比之于以外藩入继的明世宗。据说有一天，他父亲明穆宗的恭妃派一名内侍拿着金茶壶闯出宫门，送给私家。守门太监上奏，神宗说："此器虽妃所有，然大内器不当闯出。"责罚了内侍，然后又命人送给恭妃百金，说道："即妃家贫，以此给赐。先帝所赐器，不可出也。"神宗还曾对辅臣们说："先帝雅好珠玉，朕思此物，饥不可食，寒不可衣，好之何用？"张居正等人奏道："圣谕甚善。第恐有妃后时不免要用。"神宗道："亦不用也。"这时候他还不满11岁。这不能不归功于李太后的教导。

◎故事感悟

　　尽管现在不提倡体罚，但是李太后对于身背国家兴亡之任的明神宗还是耳提面命，体罚以求其改过。如果明神宗始终顽劣，不听教化，将无法管理好国家。

◎史海撷英

援朝之战

　　援朝之战始于明万历二十年（1592年）。这一年，日本关白丰臣秀吉派小西行长等人领兵20万从釜山登陆。每日沉湎享乐的朝鲜国王根本无力抵抗，只好频频遣使向明朝求救。消息传来，明神宗立即作了三项准备：令兵部向朝鲜派遣援兵；命辽东、山东沿海整顿军备，小心戒备；如果朝鲜国王进入明朝境内，择地居之。

　　然而，当时的兵部尚书石星是个无能之辈，只派了一个游击史儒率少量兵马入援朝鲜。对于20万的日军来说，这点兵力无异于羊入虎口，结果史儒战死。随后赶来的副总兵祖承训也只有3000兵马，仅仅只身逃脱。这两次大败激怒了明神宗。于是，神宗命宋应星为经略，从西北前线调回了李如松，一齐东征。担任前线指挥的有名将李成梁之子李如松，可谓能征善战。明军的前几仗都打得很成功，然而万历二十一年（1593年）正月，在碧蹄馆附近遭到了日军的伏击，损失惨重。双方最后决定议和。日本方面撤兵南下，朝鲜汉城以南的大片国土恢复。日本方面以与明朝通贡为和谈的条件，为此，神宗一面敦促朝鲜国王练兵自守，一面与群臣商量是否与日本通贡。万历二十二年（1594年）十二月，明朝与日本方面互遣使节。明朝册封丰臣秀吉为日本国王，丰臣秀吉身着明朝的冠服，迎接明朝的使臣。

事情看起来似乎已经得到了解决，然而两年之后，即万历二十四年（1596年）十二月，丰臣秀吉撕毁当初议和的条款，发动了第二次朝鲜战争。明朝于次年正月以邢玠为总督，杨镐为经略，再次出援朝鲜。但是，明军的这一次援助却在岛山附近惨遭失败。万历二十六年（1598年）正月，明军退守到平壤南部的王京，与日军进入相持阶段。七月九日丰臣秀吉死去的消息让日军士气低落，阵脚大乱。明军遂发动攻击，日军无心恋战，纷纷登船渡海东归。中朝联军与撤退日军在东南露梁海面发生激战，明将邓子龙、朝鲜将领李舜臣共同指挥军队奋勇杀敌，最终将日军杀得大败。邓、李二将也都战死海上。这一次援朝之战虽然耗损巨大，但对于确保明代的海防与东北边疆却具有重大意义。

◎文苑拾萃

万历三大征

明神宗在位的后期，朝廷内政荒乱。然而在军事方面，明朝廷却任用得力干将，先后发兵平定了播州（遵义）杨应龙暴乱和宁夏哮拜暴乱，并发兵抵抗了日本丰臣秀吉发兵侵略朝鲜及奴儿干都司的战役，从而维护了明朝的内部统一及宗主国的权威地位。

这三场战争，历史上合称为万历三大征。然而，明军虽然在战役中获得了胜利，军费却也消耗甚巨，这对晚明的财政造成了重大的负担。

胡宗绪拒收千两黄金

◎人子之事亲也，事心为上。——吕坤

> 胡宗绪（约1670—1740年），字袭参，号嘉遁。清代著名科学家、文学家。

拒绝贿赂的事情，古今有之，在官场上几乎不足为奇。但是，在自家旧宅基地里挖出的金子主人为什么还拒绝收受呢？就是这件奇怪的事情引发出一位伟大母亲教子有方的动人故事来。

在中国古代，有许多伟大的母亲，她们在教育子女方面为后人树立了光辉的榜样。清朝雍正年间的国子监司业胡宗绪的母亲潘氏，就是这样一位众人敬重的母亲。

康熙年间，有个读书人叫胡弥禅，娶了安徽桐城一户潘姓人家的小姐为妻，婚后，潘氏生了三个儿子，长子就是胡宗绪。

胡宗绪10岁那年，父亲胡弥禅病逝。至此，潘氏靠自己单薄的肩膀支撑起了这个穷家，含辛茹苦地抚养三个幼子。

胡弥禅患病很久，看病吃药花了不少钱，到他撒手人寰的时候，家里已经到了四壁空空、山穷水尽的地步。但是，这并没有难倒潘氏。潘氏拼命劳作，省吃俭用，尽力抚养三个孩子，给他们以深沉的母爱。

胡宗绪稍大一些，潘氏决定送他去读书。由于他家附近没有私塾，潘氏便把儿子送到很远的一所私塾就读。

每天清晨，母亲把儿子送到巷口，老远看着，含着眼泪目送儿子渐渐消失在雾霭里，直到看不见儿子的身影才回家。

傍晚，她又站在巷口，含着眼泪迎儿子回来。晚饭后，她让儿子坐在她面前温书，复习白天学过的课程，一直陪伴儿子学习到深夜。

潘氏经常告诫儿子，一定要珍惜这难得的读书机会，刻苦学习，不得浪费一刻大好的时光。她还不断鼓励儿子，将来参加科举考试，争取成为国家栋梁之材。

就这样过了三年，家里实在穷得揭不开锅了，无奈，潘氏只好让宗绪停止了在私塾的学习，在家自学。

潘氏虽不识字，但是为了帮助儿子学习，她就让宗绪把书念给她听，她凭着自己的社会经验和阅历，把自己理解的意思再讲给儿子听。就这样，儿子读，母亲讲，胡宗绪的学习坚持了下来。潘氏听到儿子读朱熹的文章，激动地站了起来，深为感叹地说："我觉得人世间应当有这样的书！"随即，她要求儿子今后一定要多读这方面的书，将来成为深明大义的人。

潘氏不仅对长子宗绪严格要求，对其他两个孩子也都严格要求。她经常教育孩子们要做一个正直的人，而且十分注意从日常生活的小事来启发、教育孩子，使孩子们懂得如何才能做一个正直的人。

儿子们要出门时，潘氏总是叮嘱他们要走正路。

儿子们回家后，如果她发现谁的衣服被草上的露水浸湿，那么，她就一边用竹板打，一边斥责："奈何不走正路？"同时，她还就此引申，告诫孩子们，出门在外，要走正路，误入歧途就危险了。

潘氏不仅严格要求孩子，而且注意以身作则，用自身行为为孩子们树立榜样。

那一年，当地遭遇灾害，潘氏自己每天只用瓜蔓、野菜充饥，而把麦子熬成粥给孩子们吃。即使孩子们剩下一口稀粥，她也舍不得吃，而是让孩子们送给村子里挨饿的灾民。这些举动，给孩子们留下了极为深刻的印象。

在母亲的严格教育下，胡宗绪不仅学业大有长进，而且逐渐养成了为人正直的品德。一次，胡家翻修房屋，仆人在旧宅基上挖出了一个盛满金子的罐子，里边有黄金千两，仆人把金子交胡宗绪，胡宗绪坚决不要。潘氏闻知此事，非常高兴，因为儿子没有辜负她多年的苦心教育。

雍正八年，胡宗绪考中进士，后来担任了国子监司业。胡宗绪通过努力刻苦地钻研，终于学有所成。也就是从这个时候开始，人们终于认识到，潘氏严格教子的精神是可贵的，她的故事一直被世人传诵和敬仰。

◎故事感悟

寡母与儿相依为命，往往会出现母亲溺爱儿子的情形。然而，潘氏对儿子，除了给予慈母之爱，还履行着严父的职责，从日常生活小事上启发、引导孩子走正直之路，做正直之人。这对于一个封建社会的妇女来说，的确是很难得的。

◎史海撷英

摊丁入亩

摊丁入亩政策是清朝雍正年间所推行的一项重大赋税改革。

封建社会以来，一直都有人丁税，而且不论贫富，成年男子均要缴纳。雍正年间，雍正帝改革了这一政策，将人丁税摊入地亩之中，按地亩的多少来确定具体的纳税数目，地多者多纳，地少者少纳，无地者不纳。这就是"摊丁入地"，这一政策也一举取消了自古以来的人头税。

这项措施不仅有利于贫民而不利于地主，而且还成为我国财政赋税史上的一项具有重大意义的改革。

◎文苑拾萃

国子监

国子监为隋朝以后所设立的一种中央官学，也是我国古代教育体系中的最高学府。

到了明朝时期，由于首都北迁，朝廷在北京、南京分别设立了国子监。设在南京的国子监被称为"南监"或"南雍"，设在北京的国子监则被称为"北监"

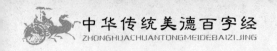

或"北雍"。

北京国子监如今位于北京东城区安定门内国子监街（原名成贤街）15号，与孔庙和雍和宫互相毗邻，是现今北京仅存的建有四座牌坊的古建街。

国子监整体坐北朝南，其中轴线上有集贤门（大门）、太学门（二门）、琉璃牌坊、辟雍、彝伦堂、敬一亭等，东西两侧还设有四厅六堂，从而构成了我国传统的对称建筑格局。

钟令嘉鸣机夜课

◎贤者以其昭昭使人昭昭，今以其昏昏使人昭昭。——《孟子》

> 钟令嘉（1706—1775年），字守箴，晚号甘荼老人，余干瑞洪（今江西省饶州）人，清代著名文学家蒋士铨之母。钟令嘉早年曾以女工手艺换取衣食之资，维持一家生活。后来其子蒋士铨考取功名，官至翰林，钟令嘉又告诫儿子：文采莫骄人，安贫即报亲。钟令嘉去世后，袁枚亲为其作墓志铭。钟令嘉著有《柴车倦游集》，但后已佚失。

清朝乾隆年间，江西铅山县出了位名人，他就是与袁枚、赵翼齐名，被称为"江右三大家"之一的蒋士铨。蒋士铨24岁中进士，后官至翰林院编修，并在文学上很有造诣。蒋士铨的成长，与其母钟令嘉循循善诱、孜孜不倦的教诲是分不开的。著名的《鸣机夜课图》即生动地再现了钟令嘉严格教子的感人情景。

钟令嘉，字守箴，江西南昌人。自幼从父读书，18岁嫁到蒋家。蒋家家境贫寒，钟令嘉"历苦穷乏人所不能堪者"而"怡然无愁"。儿子士铨2岁时，丈夫蒋坚便为生计所迫不得不抛妻别子外出谋生，她只好带着儿子寄食于娘家，并从此独自承担起教子成才的重任。

蒋士铨4岁时，钟令嘉便开始"授以四子书及唐人诗"，并教他学写字。开始，蒋士铨因拿笔不稳，写出的字歪歪扭扭，不像样子，钟氏一时性急，便责备了几句。不料，蒋士铨一赌气，索性不写了，任母亲如何哄逗，就是不听。母子间的小小风波，引起了钟令嘉的深思。尽管她心里十分着急，却没有硬逼着孩子再写。她在想，如何才能引起孩子的学习兴趣呢?

一天，钟氏看到士铨在地上摆弄几根小竹棍，插来插去，津津有味，于是，一个念头突然闪出。她决定先让孩子从识字开始，以后识字多了，有了兴趣再练写字。

于是，钟氏找来竹片，劈了一大把竹签，有粗有细，有长有短，并在桌子上摆弄起来。士铨看到母亲也玩竹棍，特别惊奇，立刻跑到母亲身边，要和母亲一起玩。钟氏见此法奏效，十分高兴，于是耐心地和儿了一起玩组字游戏。她先用竹棍不断变换，摆了几个字，看到儿子十分专心，然后又抽出不同的竹棍，告诉他哪个叫"点"，哪个叫"横"，并告诉他，字就是用这些点、横、竖组成的。一下子，士铨的兴趣上来了，钟氏便用竹棍"合而成字，抱铨坐膝上教之，既识，即拆去"。就这样，钟氏正式开始教儿子识字，而且"日训十字，明日令铨持竹丝合成所识字，无误乃已"。蒋士铨6岁的时候，已经认识了很多字。这时，不用母亲督促，他便自觉地拿起了毛笔。

钟令嘉的娘家也不宽裕，她每天都要纺些纱来换钱，以补家中不足。冬季夜长，钟氏每天都是一边纺纱，一边教子读书。她把书放在自己的双膝上，"令士铨坐膝下读之"，自己"手任操作，口授句读"。每每寒夜，琅琅读书之声与嗡嗡纺车之声相和。有时，士铨因困倦，就在母亲膝下睡一会儿。每当这时，钟氏稍微打几下，随即又抱着儿子，流着泪，心疼地说："儿及此不学，我何以见汝父？"士铨看到母亲流泪，也感动得泪下，于是捧起书继续读下去。"至夜分寒甚"，钟氏"坐于床，拥被覆双足，解衣以胸温儿背，共铨朗诵之"。

就这样，钟令嘉每天要陪儿子读书至鸡鸣才休息。钟令嘉的几个姐姐见她如此严厉地教子读书，便劝她说："妹一儿也，何苦乃尔？"钟令嘉对诸姐说："子众可矣，儿一不肖，妹何托焉？"说得姐姐们也不好再说什么了。

蒋士铨9岁的时候，钟令嘉便给他讲授《礼记》、《周易》、《毛诗》，闲暇之时，"更录唐宋人诗教之"。母子二人身体都不好，士铨患病时，钟氏便与他住一室中，精心护理。待病稍好，钟氏就指着室内墙壁上挂着的条幅教子低吟，以此为乐。钟氏患病时，士铨也是不离母亲左右。

一次，蒋士铨天真地问母亲："母有忧乎？"

母答曰："然。"

士铨又问："然则何以解忧？"

母亲说："儿能背诵所读书，斯解也。"

于是，士铨站在母亲床前，大声背诵。钟氏终于面带笑容，满意地说："病少瘳矣。"从此以后，钟氏有病，"铨即持书诵于侧，而病辄能瘳"。

钟令嘉的心血没有白费，儿子蒋士铨终于在母亲的教诲下逐渐成长起来，并成为有清一代著名的文学家。蒋士铨成才之后，始终没有忘记母亲的教诲之恩。在他晚年的时候，还专门请一位老画师作了一幅《鸣机夜课图》，描绘了当年母亲深夜纺纱、劝其读书的情形，以表达对母亲的感激与怀念之情。后来，这幅图便成了清人教子的教材。

◎故事感悟

《鸣机夜课图》一画表达了蒋士铨对母亲钟令嘉的感激与怀念，也表露出钟令嘉对蒋士铨不遗余力的教诲，纵使在病重期间，也依然敦促儿子不断学习，堪称教育子女的一代楷模，值得我们学习和深思。

◎史海撷英

钟令嘉婚后清苦

钟令嘉18岁时嫁给了江西铅山的蒋坚，当时蒋坚已经46岁。后来蒋士铨是这样叙述这件事的：

母年逾笄，媒者纷至，纨绔市井，群口称利。翁曰："里儿是岂我婿？择婿实难，姑以待字"……是时我父，齿越强壮，壮游来归，内忧初既。甘载天涯，不告不娶。实养亲志，后土皇天，共闻是言。翁曰："孝哉！斯人信贤，吾女克孝，礼法不愆。不字云何，克配是焉。乃破俗议，独行其意。坚子何知，老夫克慰。"

蒋坚的先祖原籍在浙江湖州府，本来姓钱。明末甲申年（1644年），蒋士铨的祖父钱承荣9岁时，因遭遇战乱而流落到铅山县的永平镇，被邑长蒋圣宠收为

子嗣，便改姓为蒋。

蒋氏并不富有，祖父母早逝，而蒋坚一直也是功名未就，只中了个秀才，为人又有古烈士遗风，"任侠好客，乐施与，散数千金，囊箧萧然"，所以蒋家的生活比较贫苦。蒋士铨曾记道："明年乙巳，府君贫益甚。五月，两伯父主令析爨，吾父母居旁舍，家四壁立。……是年十日，士铨生。"蒋士铨就是在这样的环境中出生的。

在蒋士铨1岁时，"时家贫甚，小除之日，室如悬磬，母搜盖箧，得青蚨七文，遣奴子市鲁酒半升，盐豉一区，抱儿煨榾柮以守岁"。过年的时候尚且如此，可知当时家庭的清苦了。钟令嘉20岁生下蒋士铨，因家境穷困，蒋坚远行谋生，母子俩只好在娘家寄住。娘家人对她们母子不但没有歧视，反而非常照顾。蒋士铨在《清容居士行年录》中曾写道："诸舅视母，若未嫁时。"

蒋士铨4岁时生了一次大病，"外兄克辅日走数十里外求医药，得不死"。5岁时，瑞洪大饥，"滋生公家人及吾母皆啮糠粃，哽不能下。滋生公日以二钱购一镒米，以二钱易市脯一片，饲士铨，历二载如一日。"

◎文苑拾萃

腊日寄铨儿

（清）钟令嘉

北地寒威重，怜伊客里身。音书差慰我，贫贱莫骄人。

失路皆由命，安时即报亲。师言当服习，莫负诲谆谆。

汝妇能承顺，无时离膝前。居然兼子职，久已得姑怜。

生育宜佳气，平安似昔年。传声语夫婿，孤馆减忧煎。

汝妹依丘嫂，幽窗共食眠。穿针才学绣，识字不成篇。

闺训粗知听，童心未尽蠲。归期宁解卜，时刻掷金钱。

频年思子泪，前月抱孙才。忆汝孩提似，原他祖德该。

啼声劳客试，秀骨或天来。归日应过膝，闻当笑口开。

心情怜下第，约略似前番。官道应攀柳，家庭已树萱。

恃才防暗忌，交友戒多言。结习还当扫，新诗莫诉冤。

力学看驹隙，从游汝得师。遥分五秉粟，足供十人炊。

汝友皆相念，肥甘数见贻。呼吾如若母，问慰过时时。

仆婢爱菘韭，同锄半亩园。门关饶岁月，居僻远尘喧。

夜火机伊轧，家人乐笑言。眼昏今益甚，书帙懒重翻。

梦尔天涯路，肩舆往复频。师方为讲学，客岂是依人。

驷马题桥志，双亲属望身。而翁坟上草，今已四回春。

谢济世受惠母教

◎生而同声，长而异俗，教使之然也。——《荀子》

谢济世（1689—1755年），字石霖，广西全州龙水镇桥渡村人，清朝政治人物，曾任道员、御史，著有《梅庄杂著》、《大学注》、《经义评》、《西北域记》等。

清朝雍正年间，有一位为人耿直的监察御史谢济世。他初任浙江道监察御史不几日，便以"济世"为己任，大胆弹劾雍正帝最信任的河南巡抚田文镜"营私负国、贪虐不法十罪"。雍正帝见到谢济世的奏折，认为他肯定是受人指使而陷害田文镜，便当面将其奏折"掷还"，令其收回。谢济世坚持己见，"伏地不肯起，争益力"。雍正帝"震怒"，以其结科甲朋党，下刑部"严鞫主使之人"。在审讯中，谢济世极力争辩，毫无惧色。刑部尚书励杜讷问："指使何人？"谢济世回答："孔孟！"又问："何故？"谢济世昂首答道："读孔孟书，自当忠谏。见奸弗击，非忠也！"情况上报后，廷议当斩。雍正帝念其"戆直，免死戍军台"。乾隆帝登基后，免谢济世罪，后人因此而称其为"耿耿直臣"。

谢济世这种性格的形成，是与他从小受到母亲蒋氏的教育分不开的。谢济世小的时候家境贫寒。母亲蒋氏努力供他读书，盼望他早些自立。鉴于一些读书人为了尽快取得功名，往往不顾廉耻，蒋氏经常教育谢济世做人要有骨气，不可趋炎附势。谢济世对母亲的教诲，句句牢记在心。后来，有一件事对他的教育极深。

那是谢济世18岁的时候，他在家乡全州参加了由广西学政主持的生员考试。这对他来说，是一次重要的考试。因为只有通过学政的考试，才能取得日后参加科举考试的资格。当时，很多考生都献媚于学政，以期顺利通过考试。谢济世却不然。当轮到他见学政时，那位学政竟"跣而坐于堂，命跽而呈卷"。谢济世不愿受此辱，遂不从命。于是，学政大怒，将谢济世赶出大堂，使他失去了这次机会。谢济世深知母亲培养他读书不易，回家后便向母亲请罪。蒋氏听说了这一情况，不但没有责备儿子，反而非常欣慰。她知道儿子是按她平日的教导去做的，因此笑着对儿子说："儿何罪。今日为一领蓝衫屈，它日仕宦，窥狗窦为门生义儿，皆此忍辱求荣一念误之也。汝能是，吾无忧。"谢济世得到母亲的鼓励，深受感动，更坚定了他不为权贵所屈的信念。

后人在赞扬谢济世"立朝风节"的时候，特别称赞其母蒋氏对他的教育。的确，如果蒋氏只是一味地要求儿子读书做官，鼓励他追求功名的话，谢济世是很难成为"耿耿直臣"的。

◎故事感悟

没有母亲蒋氏的教育，就没有谢济世后来的功成名就。正是由于母亲的鼓励，才使得谢济世更加坚定自己的信念，不趋炎附势，并最终成为一代直臣。

史海撷英

谢济世路上"晒书"

有一年，谢济世参加全州举行的科举考试。这次考试参加的人很多，个个都想名列前茅。考试的题目是"挂竹牌"。

在考试期间，谢济世第一个考完出了考场，可是考试结果的前三名却没有谢济世的名字。谢济世感到十分奇怪，就去问主考官，可是考官都不理他。谢济世心里觉得冤枉，但又无可奈何。

几天以后，一位钦差大臣路过全州。当谢济世得知这位钦差大臣要从盘石脚路过时,他就在马路上向天仰卧着。钦差大臣坐轿来到盘石脚,他的随从走在前面,看见有人在路上睡着,就跑过去喊道:"喂!快起来,钦差大人到了,你在这里睡着干什么?"

谢济世答道:"我在这里晒书。"

又问:"书在哪里?"

答:"书在腹中。"

随从听他的回答很奇怪,就跑去禀报钦差大臣,说前面有一个奇怪的书生躺在路上,挡着大人的路,他说他在晒书,问他书在哪里,他说书在腹中。

钦差大人一听,心想,这人不简单,一定是有什么冤情,待我下去看看。

于是,大人下轿来到谢济世身边,问他有什么冤屈。谢济世便将考试的前因后果向钦差大臣讲了一遍。钦差大臣就和他一起来到考场向考官询问,一直问了四个考官,都说没有见到这张考卷。

问到最后那个考官时,这位考官年纪较大,眼力差些,说:"好像见过这个名字的考卷,篇幅很短,已当做草稿丢到废纸篓里去了。"最后,大家在一个废纸篓里找出卷子一看,正是谢济世那张考卷。考卷答得言简意赅,精粹之极。钦差大人一气之下,革了这个考官的职。可惜的是,此时公榜已出,名次也已经确定,钦差大臣只好叫人在榜首的头名前加了名"魁首"才算了事。

◎文苑拾萃

母别子

(唐)白居易

母别子,子别母,白日无光哭声苦。

关西骠骑大将军,去年破虏新策勋。

敕赐金钱二百万,洛阳迎得如花人。

新人迎来旧人弃,掌上莲花眼中刺。

迎新弃旧未足悲,悲在君家留两儿。

一始扶行一初坐，坐啼行哭牵人衣。

以汝夫妇新燕婉，使我母子生别离。

不如林中乌与鹊，母不失雏雄伴雌。

应似园中桃李树，花落随风子在枝。

新人新人听我语，洛阳无限红楼女。

但愿将军重立功，更有新人胜于汝。

茅以升设立母亲奖学金

◎时时体贴爹娘意，莫教爹娘心挂牵。——《孝经》

> 茅以升（1896—1989年），字唐臣，江苏镇江人，著名结构工程师、桥梁工程专家，中国近代桥梁事业的先驱、铁道科技事业的开拓者，同时也是中国土力学的一位开拓者、科普工作者。

茅以升是世界著名的桥梁专家。有一天，茅以升兄弟几人聚在一起，商量如何给母亲庆祝70岁的生日。

哥哥说："母亲爱子胜于爱自己，她发现我们有不良倾向时，总是耐心开导，从不暴躁训斥。现在我们学有成就，能报效祖国，得感谢她老人家的养育之恩。我们兄弟几家合在一起为母亲祝寿吧！"

弟弟说："母亲为了我们的成长操劳了一辈子，我们在家乡建造一座花园小楼，让母亲过个幸福的晚年。"

茅以升却在一旁一言不发，他沉浸在幸福又心酸的回忆里。他想起童年时期家中的一场大火，那是多么可怕的夜晚啊！屋里燃起熊熊烈火，浓烟、火舌肆虐。母亲为了救孩子，一次又一次地冲进火海……兄弟几人终于脱险了，而母亲的脸上却留下了深深的疤痕。

15岁时，茅以升考入唐山路矿学堂。进校仅仅3个月，辛亥革命爆发，清政府被推翻。茅以升与同学们都想弃学从军，于是他就写信给母亲，希望能够得到母亲的支持。

母亲的回信说："你想参军报国，想法可嘉。但你年纪还小，知识不多，就是一心想为国出力，也没多大本事。应安下心来，继续读书为好。"

茅以升接受了母亲的劝导，继续留在学校发奋读书。1912年秋天，孙中山先生去唐山路矿学堂视察，勉励学生学好本领，为国效劳。听了孙中山的讲话，茅以升回忆起母亲的叮咛，立志将来要做一个有真才实学的人。在唐山的5年学习中，几乎每次考试，茅以升的成绩都是全班第一。他勤奋好学的精神也让全校同学十分钦佩。他的理解力和记忆力也是全校闻名的，他不仅能背出圆周率小数点后几十位数字，还能背出化学元素周期表。

茅以升说："我们兄弟几人能够学有成就，全靠我们的第一任教师——母亲。我们大力弘扬母亲孜孜以求、诲人不倦的精神，就是对母亲70岁寿辰的最好的祝贺。"

他站起来，继续说道："我建议，以母亲的名字设立一个'石渠奖学金'，奖励研究土木工程力学的优秀学员。"茅以升的主张得到了弟兄们的赞同，大家一起捐款在唐山工程学院设立了"石渠奖学金"。人们都夸奖茅以升兄弟对母亲的孝心，也夸奖他们母子两代人对科学的贡献。

◎故事感悟

茅以升设奖敬母，意在弘扬中国母亲为人师表、诲人不倦的精神。这位世界级桥梁专家的良苦用心永远值得我们深思。

◎史海撷英

钱塘江大桥

钱塘江大桥位于浙江省杭州市西湖之南、六和塔附近的钱塘江上，是由我国自行设计、建造的第一座双层铁路、公路两用桥。大桥横贯钱塘江南北，成为连接沪杭甬、浙赣铁路的重要交通要道。

钱塘江大桥横跨在钱塘江之上，北岸在杭州二龙山东麓，南岸在滨江区浦沿街道联庄村上沙埠。该桥为上下双层钢结构桁梁桥，全长1453米，宽9.1米，

高71米。大桥由我国著名桥梁专家茅以升主持设计施工，于1935年4月动工，1937年9月26日建成通车。钱塘江大桥不仅是我国桥梁史上的巨大成就，也是中国铁路桥梁史上一个辉煌的里程碑。

◎文苑拾萃

茅以升星

茅以升星是一颗编号为18550的小行星，是国家天文台位于河北省兴隆县的观测基地于1997年1月9日发现的。

发现这颗小行星的这一天，恰好是著名桥梁专家茅以升先生的诞辰日。为了纪念茅以升为我国桥梁工程建设和科技、教育、科普事业作出的杰出贡献，国家天文台向国际小行星中心申请，将这颗小行星永久命名为"茅以升星"。

2006年1月9日，是我国现代桥梁科学奠基人、著名科学家茅以升先生诞辰110周年纪念日，中国科学院国家天文台宣布，将这颗由我国科学家发现的小行星正式命名为"茅以升星"。

冼星海对母亲的爱

◎尊前慈母在，浪子不觉寒。——《劝孝歌》

　　冼星海（1905—1945年），曾用名黄训、孔宇，祖籍广东番禺，出生于澳门，是中国近代作曲家、钢琴家，于1939年所作的《黄河大合唱》是最广为人知的作品。

　　1905年6月13日，人民音乐家冼星海出生在澳门一个贫苦渔民的家里。出生的当晚，星斗满天，星光灿烂，饱含深情的母亲因此给他取名星海。

　　冼星海出生不久，父亲便在贫困中去世。孤苦伶仃的母亲，靠勤劳的双手，以针线缝补、浆洗、杂活等，勉强维持生活，这也让年幼的冼星海深切地尝到了人间的困苦。

　　冼星海的母亲是一位善唱许多渔歌、民歌的农家歌手。丈夫去世后，她把一切希望都寄托在儿子身上，经常不断地哼唱渔歌、民歌给冼星海听。少年的冼星海单靠记忆，就能背唱出母亲教他的上百首歌谣。可以说，冼星海的第一位音乐老师就是他的母亲。他日后能成为伟大的音乐家，也是与母亲给予的巨大影响息息相关的。

　　在法国求学的6年里，冼星海每时每刻都思念着母亲。他受尽了人间的苦难，几次饿昏，有一次还差一点就被送进停尸房。在生死线上苦苦挣扎的冼星海，就是凭借着母亲的告诫和对母亲的思念活过来的。

　　1935年夏天，冼星海回到了久别的祖国，回到了母亲的怀抱。富有孝心的冼星海用第一个月领到的工资给母亲做了一套衣服，母亲流下了幸福的热泪。

抗日战争爆发后，冼星海毅然参加了抗日救亡运动。母亲没有挽留刚刚归来的儿子，而是积极支持鼓励他。

冼星海来到延安，艰苦困难的生活把他的意志磨炼得更加坚强，他的思想境界也达到了一个新的高度，创作出许多震惊世界的不朽乐章，有《黄河大合唱》、《在太行山上》、《到敌人后方去》和歌剧《军民进行曲》等上百部作品。他对母亲的思念也更为强烈，在给母亲的信中他写道："要把最伟大的爱，贡献给国家，把最宝贵的时光和精力投入到民族解放的斗争中去。"冼星海把对母亲的爱和对母亲的孝升华到了一个崇高的境界。

◎故事感悟

音乐家冼星海把对母亲的孝心升华到报效祖国的高度，谱写出了不朽的乐章。我们当代人正是需要这种伟大的精神来作为动力，为祖国的繁荣富强贡献自己的一份力量。

◎史海撷英

抗日救亡运动

1931年，"九一八"事变爆发后，各地的工人、学生在中国共产党的领导下，纷纷举行罢工、罢课，向国民党政府请愿和示威游行，反对不抵抗政策。"一·二八"事变后，上海的工人、农民和学生也都积极支援十九路军抵抗日本侵略军的行为。民族资产阶级和上层小资产阶级也积极要求国民党政府改变政策，抵抗日寇。各地人民还组织起"抗日救国会"等团体，积极进行募捐，支援抗日军队，抵制日货。

1935年华北事变后，中国共产党提出了停止内战、一致抗日的主张，领导了"一二·九"运动，从而使抗日救亡斗争发展成为全国规模的群众运动。

"九一八"事变后，中国也开始了局部抗战。"一二·九"运动更是促进了民众的觉醒，掀起了全国抗日救亡运动的高潮。

◎文苑拾萃

《黄河大合唱》

　　《黄河大合唱》为我国著名音乐家冼星海创作的一部交响乐，也是冼星海最重要和影响最大的一部作品。

　　《黄河大合唱》创作于 1939 年 3 月。1941 年，作者在苏联对其重新进行了整理加工。这部作品由诗人光未然作词，以黄河作为背景，热情地讴歌了中华民族源远流长的光辉历史和中国人民坚强不屈的斗争精神，痛诉了侵略者的残暴罪行与人民所遭受的深重灾难，展现了抗日战争的壮丽图景，吹响了中国民族解放的战斗号角，从而塑造了中华民族巨人般的英雄形象。

孙敬修遵从母亲教导

◎万爱千恩百苦，疼我孰知父母？——《小儿语》

孙敬修（1901—1990年），名孙德崇，字敬修，北京人，著名儿童教育家，他播讲的故事伴随着三代人度过了童年时光，被人们亲切地称为"故事爷爷"。孙敬修的作品有《怎样给孩子讲故事》、《故事爷爷讲的故事》、《孙敬修演讲故事大全》等。

孙敬修小时候家庭贫苦，父母原来都是北京郊区的普通农民。由于灾荒连年，一家人被逼得无奈，只能沿路乞讨，最终流落到北京城。

孙敬修9岁时，父亲便去世了，从此只能依靠母亲一个人做工维持家里的生活。孙敬修的母亲是一位温和善良的劳动妇女。由于外祖父曾是农村的一位私塾先生，母亲耳濡目染，便跟着识了不少字，《三字经》、《女儿经》、《名贤集》的故事等，她都会讲。

母亲从来不打骂孩子，孩子犯了错误，她就把自己从父亲那里听来的故事讲给孩子们听，像《孟母三迁》、《嫦娥奔月》、《曹冲称象》、《孔融让梨》、《木兰从军》、《岳飞抗金》等等。她把自己的所有心血都倾注在孩子们身上，希望孩子长大后能够成为一个善良、诚实、勤劳的人。

孙敬修自幼就十分尊敬母亲，并一生都遵从母亲的教诲，严格按照母亲教给他的许多做人的道理为人处事。

孙敬修9岁时才有机会进入小学读书，他非常珍惜这个难得的上学机会，因此学习也非常刻苦，并决心取得优异的成绩回报母亲。

　　小学一毕业，母亲就再也没有能力供孙敬修继续读书了。孙敬修只好靠自己的聪明与勤奋，考入了卢沟桥桥畔的"京兆师范"——一所官办初级师范学校。在这所学校里，孙敬修一直敬业修身，直到1921年毕业。

　　毕业后，孙敬修又几经周折，转到了北京市汇文小学。在这里，孙敬修开始了自己的教育生涯。

　　在那个时候，有这样一句俗话："家有二斗粮，不当孩子王"。这是一种十分轻视教育的思想，但当时却在很多人的大脑中都存在着。然而孙敬修的母亲却不这样认为，她自己辛苦了大半辈子，如今终于看见孙敬修当上了一名小学教师，内心十分高兴。她对孙敬修说："当小学教师有什么不好的？你就应该像那位弟子三千的孔老夫子那样'为人师表'，做人做事都要对得起自己的良心，千万不能误人子弟呀！"

　　孙敬修牢牢记住母亲的教诲，决心做一名勤恳、敬业的教书人。在汇文小学，孙敬修教授语文、算术、图画、唱歌等课，几十年如一日，勤耕不辍，整整度过了35个春秋。在这35年当中，孙敬修播种下数不尽的爱，换来的则是无数颗金子般的童心。

　　新中国成立以后，孙敬修光荣地被邀参加全国第一届文代会。在会上，孙敬修还亲耳聆听了周恩来总理的报告。从这以后，他更是决心将自己的余热献给新中国，献给新中国的教育事业。

　　1956年，孙敬修被调到了北京少年宫工作，从此成为全国著名的"故事爷爷"。每周三天，孙敬修都会在少年宫里讲故事，另外三天到中央人民广播电台讲故事。

　　孙敬修所讲的故事妙趣横生，深受全国小朋友的欢迎。而孙敬修的故事也教育了几代人。听他讲故事的人，如今有的做了爸爸妈妈，有的当了爷爷奶奶。在他们当中，还有的甚至成为科学家、工程师，有的成为画家、演员、医生、教师……更有千千万万奋斗在不同岗位上的劳动者。

◎故事感悟

　　孙敬修一生讲了上万个故事，这些故事给孩子们带来了欢乐，也让孩子们明白了如何做一个高尚正直的人。孙敬修把讲故事看成是一门艺术、一门科学，并作为自己的毕生事业。他讲的故事生动有趣，声情并茂，影响了几代青少年。

◎史海撷英

孙敬修抵制日货

　　1931年秋，在北平市汇文第一小学的操场上，燃起了一堆熊熊的大火。这场大火是该校教师孙敬修点燃的。这是汇文一小师生为了反抗日本侵略者，抵制日货活动，同学们纷纷将日本生产的玩具和学习用品上交到学校。30分钟后，这些日货被一场大火化为灰烬。

　　尽管后来的日本侵华战争在当时还没有真正开始，但沈阳的"九一八"事变已经使战争的阴影越来越重地笼罩着北平。此时，孙敬修是汇文一小的一名音乐老师。他自己还写了几首"抵制日货，消灭日寇"的歌教给学生们唱。其中有一首叫做《灭蝇歌》，苍蝇暗喻日寇，灭蝇实际上就是消灭日寇的意思。

◎文苑拾萃

小喇叭广播台

　　小喇叭节目曾是中央人民广播电台的一档著名的少儿节目，于1956年9月4日开播。在一段时间内，小喇叭甚至成为中国内地唯一的一档少儿广播节目，因此也曾经是中国大陆覆盖面最广、影响最大的一档少儿节目。

　　小喇叭节目的主要内容是广播故事、儿歌、儿童广播剧等少儿文艺节目，曾连续播讲过《西游记》、《老革命家小时候的故事》、《高玉宝的故事》、《魔方大厦》等一系列的长篇故事。一直以来，小喇叭广播的故事都有着独特的语言风格，它细致、体贴、亲切、流畅，充满了对儿童的呵护和关爱之情。

　　早期的小喇叭节目荟萃了当时中国最精英的少儿节目播音员，如儿童教育家、"故事爷爷"孙敬修先生，孙敬修的学生曹灿先生，以及"故事阿姨"、后来的"故事奶奶"康瑛女士，他们精湛的播讲艺术吸引着一代代的儿童，陪伴无数的孩子度过了他们美好的童年。

黄继光不辜负母亲希望

◎母仪垂则辉彤管，婺宿沉芒寂夜台。——格言

黄继光（1931—1952年），原名黄际广，生于四川省中江县，中国人民志愿军第四十五师一三五团九连的营讯员。1952年10月19日在朝鲜上甘岭地区597.9高地阵亡。

1951年，黄继光参加了中国人民志愿军。同年的10月20日，在抗美援朝中，在朝鲜江原道金化郡上甘岭战斗中，为了战斗的胜利，他用自己的身躯堵住了敌人的火力点，光荣地牺牲了，年仅21岁。中国人民志愿军领导机关特授予黄继光"特级英雄"的称号。

黄继光家的祖辈几代都是勤劳俭朴的农民。他们一年辛辛苦苦、披星戴月地劳作，最终还要饿着肚子熬日月。黄继光10岁那年，父亲因欠地主的债，被逼得忧郁成疾，因无钱治病不幸去世了，丢下的几个孩子全要黄妈妈一人抚养。黄妈妈是个既刚强又勤劳能干的女人，为了抚养孩子，她每天都是里里外外忙个不停。但一家四口全靠她一人操劳，赶上天气大旱，颗粒不收，几个孩子都被饿得皮包骨。黄妈妈心如刀绞，滴着眼泪对孩子们说："天旱成这样，穷人家都断炊了，地方还逼着交租纳税，这还要穷人活命吗？"说到这里，她几乎泣不成声，停了半刻又说："你爹劳累一生，到头来活活叫老财主逼死了，这仇不报妈妈出不了这口气！"

黄继光握着妈妈的手，流着眼泪说："妈妈，我长大一定要报仇！"

为了挑起养家的重担，年仅12岁的黄继光就不得不去给地主家扛活。他

白天放牛、割草、挑水，晚上回来还得给地主婆端水、端饭、拿尿盆、刷便桶。有一天，牛拉了一堆粪在院子里，因为天没亮，黄继光没有看见，地主就扭着黄继光的耳朵硬逼着要他吃下去。黄继光实在忍受不了这样的侮辱，回家不干了。

回家第二天，他就上山砍柴割草卖，有时候去担脚力，还学着做线香……不知有多少个白天，他挑着柴饿晕在荒山野岭上；不知有多少个夜晚，他磨着香料，晕倒在那没有尽头的磨道上。累得像一摊泥了，他还硬挺着帮妈妈烧火做饭。妈妈看孩子累成了这个样子，就叫他去歇歇，黄继光怕妈妈难过，每到这时他总是乐呵呵地说："俺父说过，'人只有闲死，没有累死的'。"

1949年11月，中江县解放了，黄继光以极大的热情投身到革命斗争中。他参加民协会当了民兵，积极地参加了收枪、征粮、减租退押以及斗争地主恶霸的活动。黄继光两次破获了地主李聚丰企图谎报土地和改佃约的阴谋活动，还捉到了广福第四村的逃亡大地主杨永刚，并且收缴了伪保长顾远服隐藏的两支枪。

美帝国主义侵朝战争爆发了，黄继光认识到，要保卫新生活，必须打败美国侵略者。他响应祖国号召，带头报名参加了志愿军。

娘儿俩谈了半宿，黄妈妈说："你走吧，保住我们的好日子，把美国鬼子打垮了，妈去接你！"

黄继光没有辜负妈妈的希望，为了保住劳苦大众的好日子，他用自己的身躯堵住敌人的枪眼，光荣地献出了宝贵的生命，换来了上甘岭战斗的伟大胜利。

◎故事感悟

正是因为有了慈母的培养教育，黄继光才养成了坚毅的性格和爱憎分明的品质。有些人，他们活着不是为了自己，而是为了民族，为了祖国。面对死亡，黄继光无所畏惧、奋不顾身。人固有一死，或重于泰山，或轻于鸿毛。黄继光死得其所，死得光荣。

◎史海撷英

上甘岭战役

上甘岭是朝鲜中部金化郡五圣山南麓的一个只有十余户人家的小村庄。经过1952年10月14日开始的一场激烈争夺战，上甘岭从此名扬天下。而中国人民志愿军在这里所取得的辉煌胜利，也使得上甘岭成为一座历史的丰碑！

1952年10月14日，上甘岭战役爆发。交战双方先后动用兵力达十万余人，反复争夺了43天，作战规模由战斗发展成为战役，其激烈程度在世界战争史上都是罕见的。"联合国军"炮兵和航空兵对两个山头共发射炮弹190余万发，投炸弹5000余枚，把总面积不足4平方公里的两高地的土石炸松了一两米。中国志愿军防守部队一直贯彻"坚守防御、寸土必争"的作战方针，依托坑道工事，坚决抗击"联合国军"的进攻。

上甘岭战役也是朝鲜战争后期僵持阶段的一次主要战役。这次战役共经历了三个阶段：第一阶段，争夺表面阵地；第二阶段，坚持坑道斗争；第三阶段，实施决定性反击。10月13日，美国指挥官范佛里特确定总攻开始时间为14日凌晨4时。当天午夜，美韩军的攻击部队便进入了出发阵地，战斗随即拉开序幕。

◎文苑拾萃

赞黄继光

上甘岭上赞雄英，后继前仆寸土争。

已望巅峰先胜定，岂因暗堡阻军行。

血流三丈山崖远，身纵一扑敌胆惊。

今展红旗妍似画，思回炮火地天崩。

第二篇

不负母恩

岳飞是忠臣孝子

◎慈母爱子，非为报也。——刘安

> 岳飞（1103—1142年），字鹏举，今河南相州汤阴（今河南安阳市汤阴县）永和乡孝悌里人，中国南宋名将，汉族民族英雄。岳飞一生与来自于北疆境外的侵略者女真人建立的金国作战，为宋王朝抵御异族侵略，但是最后由于受到南宋统治者的猜忌而被监禁、杀害。宋孝宗淳熙六年（1169年）追谥武穆，宋宁宗嘉定四年（1211年）追封鄂王，故后人也称"岳武穆"或"岳王"。

岳飞生下来还没满月时，黄河决口了，洪水吞没了他的家乡。他和母亲被父亲放进大缸中随水漂流，而父亲却被水淹没了。

他和母亲坐在大缸中，漂流到内黄县境，才被救上岸来。母子俩在内黄县麒麟村住下来。

7岁时，母亲开始教岳飞读书写字。没有书，母亲到大户人家去借；没有纸笔，母亲用小木棍在沙地上教他写字。岳飞学习努力，每天除了捡柴、帮母亲做家务事外，余下的时间就是勤奋学习、锻炼身体。读书使人聪明，锻炼身体使人强壮。岳飞在母亲和老恩师周侗的教育下茁壮地成长着，文韬武略，文武兼顾。

周侗能文能武，在当地很有名气。他发现岳飞聪明勤奋，便主动收他做学生，教给他刀枪弓马箭术和言诗立说。不到20岁，岳飞就能拉开300斤的弓，而且左右开弓，箭不虚发。岳飞把师傅的全身功夫都学到了手里，并加以发扬。周侗死后，岳飞按时祭扫坟墓，不忘老师的教诲之恩。

岳飞家里很穷，勉强能维持温饱，但这些从来没有动摇过他苦练武艺、报效国家的志愿。一天有个太湖匪徒，改名换姓带着大量金银来拉拢他。岳飞发觉后，当即把金银原封不动地退还给他。母亲知道这事后，马上在祖宗牌位前摆上香案，让他脱下上衣，磨好墨，母亲拿笔在他背上写了"精忠报国"四个字，还怕他忘掉，又用针将字刺在他背上。

岳飞对母亲特别孝敬。他跟金兵作战时，母亲随逃难人群流落河北。岳飞闻讯后，马上派人到河北寻找母亲，接到安全地方，竭力孝敬母亲。母亲病了，他亲自伺候，端水拿药，目不交睫，衣不解带，不离母亲身旁。一直到母亲去世，从不厌倦。

岳飞听从母亲的正确教导，率领岳家军抗击外敌入侵，收复河山，救平民百姓于水火，战功卓著。虽受奸臣秦桧的陷害致死，但他精忠报国之心不变，成为名垂千古的民族英雄。后人称他是真正的忠臣孝子。

◎故事感悟

岳母刺字，世代流传。"精忠报国"，激励后人。一代名将，为人师表。敬师孝母，精神永存。岳飞的精神和民族气节激励着一代代中华儿女。

◎史海撷英

"莫须有"

岳飞的第四次北伐因宋高宗的十二道金字牌班师诏而失败，岳飞被召回。随即，岳飞父子被秦桧以谋反罪名予以逮捕审讯。虽然因找不到证据而无审讯结果，最终，高宗和秦桧还是决定杀害岳飞父子和张宪，而秦桧则创造发明了"莫须有"的罪名。韩世忠当面质问秦桧，秦桧言"其事体莫须有（难道没有这样的事吗）？"

绍兴十一年十二月廿九（1142年1月27日）除夕之夜，一代名将岳飞及其儿子岳云、部将张宪在杭州大理寺风波亭内被杀害。岳飞被害前，在风波亭中写下八个绝笔字："天日昭昭，天日昭昭。"

岳飞被害后，狱卒隗顺冒着生命危险，将岳飞的遗体背出杭州城，埋葬在钱塘门外的九曲丛祠旁。隗顺死前，又将此事告诉儿子，并说：岳元帅尽忠报国，今后必有给他昭雪冤案的一天！

岳飞沉冤21年后，绍兴三十二年（1162年），宋孝宗即位，准备北伐，便下诏平反岳飞，追封鄂王，谥武穆，忠武，改葬在西湖栖霞岭，即杭州西湖畔"宋岳鄂王墓"，并在湖北武昌立庙，修宋史列志传记。

◎ 文苑拾萃

岳王庙

岳王庙，是我国各地纪念南宋著名抗金英雄岳飞的祭祀性庙宇。

在全国地有很多岳飞庙，比较著名的有以下几个：

杭州岳王庙：即岳飞庙，位于浙江杭州西湖。

开封岳飞庙：即岳王庙，位于河南省开封县朱仙镇。

汤阴岳飞庙：即岳王庙，原名为精忠庙，位于河南省汤阴县菜园镇程岗村。

武昌岳王庙：位于湖北省武汉市，始建南宋乾道六年（1170年）。1938年，武汉保卫战爆发前夕被炸毁，日军占领武汉后庙址曾一度被用做焚尸场，此后庙址及黄土坡岳氏坟山旧址都被纳入中南财经政法大学首义校区为宿舍楼。现遗址仅存岳王台。

宜丰岳王庙：位于江西省宜丰县境内，始建于南宋年间，后来曾多次修复。1991年因拓建新昌大道，岳王庙被拆迁。1992年，岳王庙在南屏公园景区境内的南屏山灵峰重建。

泰州岳飞庙：位于江苏省泰州县（今泰州市海陵区境内）泰山之巅的泰山公

园之中。该庙始建于明万历十年（1528 年），1985 年重修。庙内驻有和尚，正殿供奉有岳飞的神像。

铜锣湾岳王古庙：位于香港铜锣湾东部电气道，也是香港唯一一座以奉祀岳飞为主神的庙宇。

鲍出闯贼群救母

◎母亲，人间第一亲；母爱，人间第一情。——谚语

> 鲍出，字文才。汉朝新丰人，天生魁伟，生性至孝。后人有诗评价：救母险如履薄冰，越山肩负步兢兢；重重危难益坚忍，孝更绝伦足可矜。

汉朝时，陕西省临潼县新丰镇有一位姓鲍名出，字文才的青年小伙子。父亲因病早死，留下母亲和弟兄五人，一家六口靠种地、砍柴卖糊口过日子。

鲍出又叫鲍文才，论人与名大相径庭，斗大的字鲍文才不识几个，可他生来身材魁梧，力气颇大，性格豪爽。

曾有一次，附近村子一批少年男女在山野地上放牧牛羊，碰上两头大牯牛打架。两头牯牛头对头，角抵角，瞪着两双血红的眼睛，蹬着八条强劲的腿，打斗得难解难分，欲拼个你死我活……少年男女们惊得目瞪口呆，远远站着呼天叫地，束手无策，乱成一锅粥……

大家正焦急万分之际，鲍出闻声赶到，只见他毫无惧色地走上前去，抖了抖双手，揉了揉胳膊，抽了抽长气，走近正在格斗的牯牛。两头牯牛根本没把小小的鲍出放在眼里，依然继续打斗。鲍出选好进退位置，伸出双手掌对准正在格斗中的一头牯牛的臀部，用力一推，"轰隆——"一声把那头牯牛推翻倒地，四脚朝天乱瞪，哞哞直叫，好一阵躺着爬不起来。另一头牯牛，待了几秒钟，掉转头跑开了。这一幕，把围观的人都惊呆了……

因鲍出排行老三，从此后，男女老少送他一个雅号叫"三猛子"。

距离鲍出家不远的高山上，有座香火旺盛的道观，观内有一位精通武术、皓发白眉的道长。他见鲍出体魄健壮，臂力过人，主动收纳他为门徒，教他武功拳术。奈何鲍出家境贫寒，忙于耕种劳作、养家孝亲，武艺还未达到炉火纯青的境界，老道长已羽化升天了。

那一年，黄河中上游一带久旱，庄稼收成甚少，沿河两岸闹饥荒。地主、豪商乘机囤积居奇，兼并土地，大赚一把，统治者却无人过问灾民的疾苦。于是，无数饥民聚众集伙，打家劫舍，一时间盗贼蜂起。在农村，像鲍出那样五大三粗的大男人干活都饿肚子，人少力弱者就更是生死未卜了。

那天，鲍出叫母亲一人留在家中看守，他们弟兄五人挎篓挽箢，上山去采摘野菜、野果、蘑菇等可吃的东西，准备拿回家填肚子。

他们上山忙碌了一阵，先采得几升蓬实和一些蘑菇，鲍出就吩咐大哥鲍山和二哥鲍雅及四弟鲍成拿回家，分工将蓬实磨成粉，熬羹煮蘑菇，劈柴弄吃的。他同五弟鲍伦继续采集可充饥的食物。

鲍山三人回家一看，家里被什么人翻箱倒柜地弄得乱七八糟的，母亲也不见了，屋前房后都不见影儿。爬上后山顶一瞧，远远望见一帮扛枪弄刀的贼子押着两个捆绑着的妇女，看其中一位妇女的背影就是他们的母亲。

三个人看得很清楚，却木讷讷地面面相觑，束手无策。

老大鲍山待了好久才说："这，这怎么办？我们去追吧，岂不白白送死吗？这，这……"

老四鲍成说："我去把三哥和五弟找回来，我们几弟兄一齐去。"说着鲍成就跑去找鲍出兄弟俩了。

老二鲍雅气得一屁股坐在土坎上，双手抱住脑袋，无可奈何地摇晃。

再说鲍出和五弟鲍伦正采摘铁藜籽，忽听得山坳那边传来鹌鹑的鸣叫声。

鲍出一听，喜上心来："鹌鹑这个东西的肉可好吃呀，就算抓不着鹌鹑，找着窝，掏五六个鹌鹑蛋也好，可以给母亲补一补身体嘛……"

鲍出想到此，对鲍伦说："五弟，你听——走，抓鹌鹑去。"说着两弟兄朝山坳跑去。

弟兄俩翻过山坳，钻入灌木丛，向鹌鹑鸣叫的地方躲躲闪闪地蹿去。真的在草丛中找着两窝鹌鹑蛋，麻花花的八九个，可把两弟兄乐坏了。

鲍出两弟兄提着装着鹌鹑蛋和铁藜籽的筐筬，乐呵呵地往家走。心欢脚步快，不多时间就快到家了。

站在山顶张望的老大、老二也看见鲍出他俩返回了，只不见老四，原来途中岔道了。

老大、老二将母亲被贼人捆绑去了的事告诉了鲍出，可把"三猛子"的肺气炸了。他二话没说，匆匆忙忙跑回家，放下装有鹌鹑蛋的筬子，跨进内室，从墙上取下师傅老道长赠送给他作纪念的、削铁如削泥土的朴刀，气冲冲地跨出门槛……

在门口碰上老大，鲍山一把拉住鲍出："三猛子，你，你要干啥？"

"我要去杀那伙狗强盗，救回母亲。"鲍出瞪着双眼说。

鲍山恳切地说："三弟呀，不要莽撞！那伙人都是些杀人放火的强盗。不要说你一人去，就是我们几弟兄一齐去，也是白白送死呀！"

鲍出大声怒吼："大哥，二哥，我们当儿子的，难道能够眼睁睁地让贼人把母亲捆绑走而见死不救吗？那，那还叫人吗？"

老大、老二都上前拉住鲍出不让走。

"放开我，我要去救回母亲。即使被贼人砍成几大块，剁成肉酱，我也心甘情愿！"鲍出边说边挣扎，大吼，"你们放开我——"

鲍出使劲把拉住他的老大、老二推倒。他提着朴刀，快步如飞地朝贼人去的方向奔去……

时当初秋季节，人称"秋老虎"的太阳火辣辣地炙烤着大地，路旁的树叶低垂着，也许有一点儿火星子都会燃烧起来。蝉儿趴在树桠上，拉起长音"热死了——热死了——"嘶叫个不停。

　　鲍出扛起朴刀，在烈日下一口气追了十来里路，湿漉漉的汗水早已将单层麻布坎肩粘贴在他身上了。

　　鲍出抬头一望，前边有一群仿佛拿棍拖棒，零零乱乱的人慢慢蠕动着，料定是贼人的队伍。

　　鲍出火冒三丈，急追几步，大声吼：“蠹贼休走，三猛子杀你们来了！”吼声震得山鸣谷应。

　　那些又饥又渴又热又累的贼人，一个个还没回过神来，鲍出已冲入了贼群队伍。

　　这伙贼子本是乌合之众，只有在老弱妇孺面前抖抖威风，他们哪里是武林高手教练过的鲍出的敌手呢！

　　鲍出是仇恨加勇猛，挥动削铁如泥的宝刀，冲入贼群，如入无人之境。前后左右，寒光闪闪，上似雪花盖顶，中如金龙缠腰，手起刀落，四五颗人头落地，像斜坡断蒂的西瓜乱滚，一个个尸体扑地，手乱抓，足乱蹬，殷红的血浆洒满地……吓得一个个贼人胆战心惊，四散奔逃。

　　忽听贼人头领高声喊：“弟兄们，站住！不要怕他，他再凶是一个人，没长三头六臂呀！大家一齐上，围住他，抓活的——”

　　贼头领喝令三四十人从四面八方，一个个躬着腰，举着长矛、砍刀，一步迈不出五寸地挪动、围上来了……

　　“三猛子，你快跑呀！不要管我——”鲍出听出是母亲的声音。他心一横，牙一咬，乘包围圈还很大时，擒贼先擒王，纵身一跃，冲向贼头领那边，奋力挥刀厮杀。只看见条条白光闪动，肉飞血溅；只听得声声惨叫，呼爹喊娘。一场恶战，鲍出又杀死、杀伤十余人。

　　那贼头领看看抵挡不住了，一步跳上一个土台大声问：“喂，你这汉子，为什么要苦苦追杀我？”

　　鲍出高声反问：“那你们为什么要捆绑走我母亲？”

　　贼头领问：“你母亲在哪里？”

"三猛子，妈在这里——"鲍出一听，母亲就在附近的树丛里，便把刀尖指着贼头领骂："你这没心肝的混蛋，你也是父母所生的。你这样残害老百姓，没有好下场。你还不把我母亲放出来，我与你拼了！"

头领放下武器，双手抱拳，和颜悦色地说道："壮士息怒，我们多有冒犯，马上就放回你母亲。还请壮士高抬贵手，放我们弟兄一条生路去吧。"

鲍出的母亲回到了儿子身边。

"三弟，你救救嫂子呀——"树丛里另一妇女高声求救。

鲍出的母亲说："她是同妈一起被抓来的。坡上魏老四家的。快救她呀。"

"你们快把我嫂子放出来！"鲍出说，"你这大哥，我再奉劝你几句，你们要想成大事，应该团结老百姓，共同对付那些贪官污吏，恶霸劣绅。"

鲍出搀扶着母亲，与那位刚救出的妇女一道往回走。

贼人抬着受伤的同伙，丢下死尸走远了……

鲍出救回母亲后，害怕那伙贼子来报复。几弟兄商量，收拾好能带走的家什，锁好门户，一家人逃难。他们四处漂流，逢山爬山，遇水趟水，乞食讨饭，何处天黑何处歇，流浪到河南省的南阳郡。

战火连天，兵荒马乱。老二、老四和老五，途中被乱兵抓去，说是当苦力，结果一去杳无消息，是死是活都不知。为了活命，剩下的哥俩只好各奔前程了。老大鲍山，招赘到一户寡妇家去了。真可谓：弟兄好似同林鸟，大难来时各自飞呀！好端端一大家人，就只剩下鲍出一人供养孝敬老母了。

东汉献帝（刘协）建安五年（201年），鲍出和母亲要回北方老家——临潼县新丰镇。母子二人动身北归。母亲年轻时养育五六个孩子成长，家又穷，浆衣缝补，高高矮矮，大大小小几张嘴啼饥号寒，耗尽了精力。年岁已老，更加体弱多病，行走步履艰难，在鲍出的搀扶下慢慢走，一天走不了多少里路。

母子俩走了好多天，来到崇山峻岭、悬崖峭壁纵横数百里的伏牛山。母子俩要翻越这座野兽出没、山路崎岖、荆棘蔽野的大山，确实难呀！

母子来到伏牛山麓，鲍出想了个办法。他将母亲暂时安顿在山下一个草棚里,自己下山砍竹子,编了个大背篼,篼内安上坐凳,叫母亲乘坐在背篼内,由鲍出背着母亲翻山越岭。

鲍出背着母亲一步又一步地爬山,往往要用手攀着岩边藤蔓登山,一不小心会跌下悬崖,摔个粉身碎骨。累了,背篼靠住山壁,歇口气再爬;渴了,喝山洼清澈见底的泉水;饿了,采摘树上的野果吃;天黑了,就在路旁石岩下、山洞里能遮风挡雨的地方过过夜。尽管辛苦,母子俩向家乡跨一步,就离家乡少几尺了……

母子俩在伏牛山上爬坡下坎、顶风冒雨,走了好几天。

一天下午,鲍出背着母亲在崎岖山路上一步又一步向前挪,欣然发现山坳下有个小茅草屋。他高兴极了,心想,好几天没吃熟食了,身上还有少许铜钱,能买得一些粮米,熬碗粥给母亲喝就好了。

鲍出想到此,脚步似乎更有力了,背起母亲朝小茅屋走去。

刚走到茅屋侧边,就听见屋内传出呜呜的哭泣声。鲍出一听,站着门外犹豫了……

鲍出的母亲也听到了哭声,说:"来都来了,我们还是进屋去看看,尽量不麻烦人家就行了。出门看天色,进门看脸色嘛!"

母子俩跨进门槛一瞧,惊住了——屋内木板上停放一具血肉模糊的男人尸体,一位青年妇女坐在尸体旁掩面伤心地啼哭。

那妇女听见有人进屋,吃了一惊,回头看见是一个中年男子背着一个老太婆,也就镇静下来了。

妇人揩干泪水,对母子俩说:"这死人就是我丈夫。昨天下午他出去打野兔、山鸡。天黑了都没回家,山上有虎狼,我不敢去找,坐着等了一夜都没回来。今早天大亮了,我出去翻了几座山,才在一个山岩边找到气息奄奄的他。他吃力地告诉我,昨天碰上两只金钱豹,躲避不及,与两只金钱豹搏斗,被抓咬成重伤,挣脱逃跑,滚下山崖,避开了金钱豹,没被吃掉……话没说完就死了。我刚把他背回家来……我,我一个妇道人家,四顾无亲,怎么办

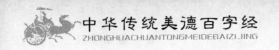

啊？！"

鲍出的母亲问："那你的爹妈和婆母、翁爹呢？"

妇人说："不怕老人家见笑。我姓余，他姓高，是邻居，从小在一起相伴长大的。我俩私订了终身。我爹妈嫌高家穷，偏要把我嫁给一个亭长当姨太。我俩瞒着爹妈，逃婚逃到这荒山野岭，自修茅屋，自开荒山，打猎补充过日子……周围十多里没人家，叫我求谁帮忙安埋丈夫……"

鲍出说："妹子别着急，我比你大几岁，别见怪，就叫你妹子吧。我能帮助你。"

深山旷野，贫家小户，一切祭祀就免了。鲍出挖了一个坑，帮助妇人将死人掩埋了。

次日，鲍出母子又准备继续动身赶路了。

那妇人见他母子马上要出门了，低着头，噙着泪对鲍出说："大哥，暂请留步。我的身世已经向伯母、大哥说了。而今，我丈夫已死了，我又不敢回娘家与高家，而且无儿无女的。只剩我一个弱小女子，四无邻居，怎么活命，怕只会被虎狼吃掉……如果大哥不嫌小女子丑陋的话，我愿嫁给你，跟你们一起回老家去。我是贫家小户，庄稼人出身，粗活细工都能干……请大哥答应吧。"

鲍出一听，低下头，闷着葫芦不好意思开腔，只回头看看母亲。

"三猛子，你看这妹子长得高高大大，品貌也好，你就快点头答应了吧！"鲍出的母亲催促地说。

鲍出已是30多岁的人了，因为穷，没人提过亲。近年又四方逃难，想都没想过娶亲的事，今天遇上了"仙女下凡"般的好事，心里乐滋滋的，嘴巴却张不开，听母亲一说，也就边点头边从喉头里哼出"好，好——"那女人脸上挂着泪痕笑了。

鲍出的母亲见状，趁热打铁地说："好，天老爷在上当媒证。连香烛都没有，一切从简办。你俩当着妈的面，拜下天地，拜下妈，就算成亲了。"

鲍出和余氏女依照母亲的主意，拜了天地，拜了高堂母亲，就算结为夫妻了。

三人就在茅屋住了一夜，第二天，鲍出依旧背着妈，余氏背着一些行李，继续赶路。

鲍出回家后，同妻子一道修葺房舍，种地，帮佣，殷勤孝敬老母。一家人过得甜甜美美的，生男育女过终老。

老母亲活到90岁才去世，夫妻俩白头偕老，子孙满堂。

◎故事感悟

诚然，鲍出横刀闯贼群救母、用竹篼背母翻山越岭的故事不会重演了，但鲍出那种为救母不顾个人安危，孝敬老母，不辞辛劳，几十年如一日的精神，仍值得我们当儿做女的思考、学习。

◎史海撷英

东汉九卿

东汉时期的许多官制，都沿用了西汉时期的官制，比如以太常、光禄勋、卫尉、太仆、廷尉、大鸿胪、宗正、大司农、少府为九卿。然而与西汉有所不同的是，东汉九卿分隶属三公，其中太常、光禄勋、卫尉三卿属太尉；太仆、廷尉、大鸿胪三卿属司徒；宗正、大司农、少府三卿属司空。

东汉九卿都在官称上加一个"卿"字，如太常卿等，秩中2000石。除此之外，东汉九卿与西汉的不同之处还有：1.光禄勋除西汉的五官中郎将、左中郎将、右中郎将、虎贲中郎将、羽林中郎将之外，增置东中郎将、北中郎将、西中郎将、南中郎将；2.少府尚书改称为尚书台，由西汉的常侍曹、两千石曹、民曹、主客曹改为六曹，还改常侍曹为吏曹，增三公曹，将主客曹分为南主客曹与北主客

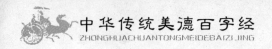

曹。尚书台增设左右丞两人，诸曹侍郎各六人，令史诸曹各三人，事务繁剧的曹增令史各三人。由此可见，尚书台的组织比西汉时期的尚书要重要、庞大得多。

◎文苑拾萃

《二十四孝》

《二十四孝》全名为《全相二十四孝诗选》，由元代的郭居敬所编录，也有说是其弟郭守正编撰，还有说是郭居业所撰。

《二十四孝》由不同环境、不同遭遇的历代的24个孝子行孝的故事集撰而成。因后来的印本大都配以图画，所以又称《二十四孝图》。

《二十四孝》为中国古代宣扬儒家思想及孝道的通俗读物，其中的故事大都取材于西汉经学家刘向编辑的《孝子传》，也有一些故事取材于《艺文类聚》、《太平御览》等书籍。

蔡君仲拣桑葚奉母

◎成功的时候，谁都是朋友。但只有母亲——她是失
败时的伴侣。——郑振铎

西汉末年，王莽篡位称帝。即位之后王莽推行新政，搞得天怒人怨，民
不聊生，继而爆发了大规模的反莽战争——四方起义聚众十余万讨莽，连京
城长安附近的赵朋、霍鸿也举起了"讨莽兴汉"旗帜。各地汉室旧臣、刘氏
贵族、失去土地的农民等纷纷起义响应，时局乱成了一锅粥。

官兵与起义军搅在一起，盗贼蜂起，占山为王，打家劫舍，胡作非为。

在这兵荒马乱、狼烟四起、刀光剑影、弱肉强食的混乱时代里，受苦受
难的还是老百姓，真是"兴，百姓苦；亡，百姓苦"啊！

这个时期，河南省汝南庄蔡岭有一位姓蔡名君仲的少年，家里本来就很
穷，地里收割的少量粮食、薯类也被那些为争权夺地、半兵半匪的大军抢光
了。爹爹饿死了，丢下他们母子俩。母亲饿得面黄肌瘦，头昏眼花，走路都
东倒西歪了……附近山上的野菜和勉强可吃的梧桐树皮、芭蕉头、葛根……
早已被周围的人吃光了，只有山上的白垩土（人称"仙米"，即观音土，也叫
做碗胚的白黏土）还可以挖来吃。白垩土很难吃，吃下去屙不出！可是怎么
办？不能坐着等饿死呀！

在那年月，老百姓不用说吃好的，找填肚子的东西都难！

实在没办法了，蔡君仲提个竹篮，内装一个钵儿和品碗，打算出去向那
些财主、老板讨些残汤剩饭来给母亲吃！

那天，蔡君仲清早就出门，跑了一二十里路，走了七八户人家。那些有

饭吃的人家见有人乞讨，就把门关上了，甚至放恶狗来咬……一直讨到下午，太阳只有半竹竿高了，竹篮还是空的，蔡君仲只好有气无力地往回走。

天无绝人之路。蔡君仲返家途中，路经一座大山的峡谷处，瞧见桑树上结了许多桑葚。他喜出望外跑上前去，将风吹落在地上的、树上结的那些红的、黄的、紫黑色的桑葚捡、摘了小半篮子，高高兴兴地提回家，交给母亲。母亲尝出黄红色的桑葚是酸的，紫红带黑色的桑葚是甜的。

蔡君仲听妈妈说后，就把篮子内紫黑色的桑葚挑选出来给母亲吃，剩下黄红色的桑葚，自己吃。蔡君仲见母亲津津有味地吃着紫黑色桑葚，心里甜甜的……

"渴时一滴如甘露，饥时荠羹比肉香。"蔡母吃了桑葚显得精神多了。从此，蔡君仲每天提着竹篮东山寻、西山找，采摘桑葚、构皮葚或其他野果来维持母子的两条命，在死亡线上挣扎着。

有一天，蔡君仲正在一片桑树林子里采摘桑葚，突然闯来一大群持刀弄枪、打家劫舍的大兵。这些大兵衣着五颜六色的，其实多半是走投无路的饥民，为了活命，只要有人吆喝召集，就一哄而起"响应讨莽"。

大兵们抓住蔡君仲，威逼他去搬东西，养牲口。蔡君仲不肯去，告诉大兵说，家有老母亲要伺候供养。大兵们不听他分辩，吓唬他："你不依从，就把你杀了，割出你的心煎来下酒喝。"

蔡君仲依然不从，提着竹篮拼命逃走。

正在纠缠时，叫徐宣的头领听见嘈杂声赶了过来……

徐宣对蔡君仲说："你这娃娃儿，好不通情理。叫你来给我们养马喂牛，有饭大家吃，有银子大家分，有什么不好？"

蔡君仲将脑袋一昂说："哼，你们才不通情理。我已经给你们说了，我爹爹活活饿死了，丢下我们母子俩，家里什么吃的东西都没有。母亲饿得迈不了步，我提着篮子到那些财主、老板家去讨残汤剩饭来给母亲吃，那些没良心的财主、老板不但不施舍给我点儿吃的，还放恶狗来咬我……刚才，我正在桑树林子里采摘桑葚，你们抓住我……硬要我给你们去养马喂牛……还说要杀死我，割出我的心，煎炒来下酒……我走了，我母亲一人在家，无人照管，岂不活活饿死吗？大家都是父母所生的嘛！你们也有爹妈呀！大王，请你救我母子两条命，把我放了吧。"说着蔡君仲痛哭起来。

徐宣看见蔡君仲提的竹篮子里的桑葚，把紫黑色的与黄红色的分开放成两堆，又好奇地问："你这篮子里的桑葚为什么把紫黑色的与黄红色的分开放成两堆呢？"

蔡君仲回答："这紫黑色的桑葚是甜的，是留给母亲吃的；黄红色的桑葚是酸的，是我自己吃的，所以分成两堆放。"

徐宣和站在四周的兵士听了蔡君仲的这番话，都很受感动。有的联想到自己家的老父、老母不知现在怎么样了；有的悄悄牵起自己的衣襟角，揩着滚出眼眶的泪水；有的默默地低下了头……

徐宣突然把脸一变，跨上前一步，伸手揪住蔡君仲的胸襟，瞪起双眼说："你，你说的这些话，可是真的吗？"

"大王，小子不敢扯谎，句句是真，你们不信的话，可以去我家看看——如有半句假话，就把我这小脑壳砍下，再割出我的心来，煎炒来下酒……"蔡君仲理直气壮地说。

徐宣大声笑着，拍拍蔡君仲的肩膀，感慨地吩咐："这个小兄弟是个孝子，值得我们尊重效仿。谁都有父母呀！当儿女的都该孝敬父母。别人的老父、老母也该当成是我们自己的亲父母。本王要奖赏这个孝子，赏大米2斗、羊腿4只，银元宝2个和一些衣物。马上派人给他们家送去。你们说，这样做好不好？"

"好，好——大王英明——"大家异口同声地高声回答，拍手叫好。

几个大兵按照大王徐宣的吩咐，把大米、羊腿、银子、衣物等一一如数给蔡君仲家送去。

大家抬着、挑着东西走到蔡君仲家。

"儿呀，妈站在门口望你好久了，你，你才回来哟——"蔡母正倚着门框张望着。

久旱逢甘雨，蔡君仲母子俩得到徐宣的救济，终于渡过了难关。

几年后，蔡君仲在家勤劳耕种，供养老母，后来娶了妻子，生男育女，一家人过得和和美美的。

蔡君仲的孝行也传到四面八方，有心人记下了这桩事迹，流传至今。

◎故事感悟

古语道："家贫出孝子。"在那食不果腹、衣不蔽体、饥寒交迫、危及生命的紧急关头，能首先想到父亲、母亲的吃、穿，然后才考虑自身……别以为是小事，当儿女的能做到这点"小事"，多不容易呀！

《诗经》云："父兮生我，母兮育我……欲报之德，昊天罔极。"父母养育其身，先有父母付出的辛劳，才有自己。

◎史海撷英

王莽掌权

王莽，字巨君，生于元帝初元四年（公元前45年）。王莽的相貌奇丑无比，大嘴叉，短下巴，金鱼眼，红眼珠，大嗓门，声音嘶哑。

但是，王莽自幼对内孝敬寡居的母亲，照顾兄长的遗孀；对外结交一些才俊的朋友，又拜当时著名的学者陈参为师，攻读经书孜孜不倦，待人接物恭敬有礼。尤其是在侍奉执掌大权的伯父、叔父们时，更是小心翼翼，处处都表现得谦恭谨俭、温文尔雅，由此也得到了人们的广泛赞誉，为他日后的政治生涯打下了良好的基础。

汉成帝阳朔三年（公元前22年），王莽的伯父——执掌朝廷大权的王凤病倒了，王莽在床前尽心侍奉伯父，这让王凤大受感动。临死时，他拜托皇太后王政君和外甥汉成帝，希望他们关照一下王莽。随后，王莽便有了第一个职务——黄门郎。在24岁时，王莽开始了他的政治生涯。

　　当时，大司马王商也觉得王莽这个侄子不同凡响，便向汉成帝上书，愿将自己的封地分一部分给王莽，其实就是要求汉成帝给王莽封侯。另外，一些朝廷大臣也都看好王莽这颗新星，纷纷向皇帝称赞王莽。很快，王莽便声名鹊起，引起了成帝的极大关注。

　　永始元年（公元前16年）五月，汉成帝下诏，封王莽为新都侯，封地在南阳郡新野的都乡（今河南新野县境内），食邑1500户，并提升他为骑都尉、光禄大夫、侍中。王莽身兼数职，进入到朝廷政权的核心。此时年仅30岁的王莽已跃居几个叔叔之上，成了朝廷中很有权力地位的重臣了。

◎文苑拾萃

游子吟

（唐）顾况

故枥思疲马，故窠思迷禽。

浮云蔽我乡，踯躅游子吟。

游子悲久滞，浮云郁东岑。

客堂无丝桐，落叶如秋霖。

艰哉远游子，所以悲滞淫。

一为浮云词，愤塞谁能禁。

驰归百年内，唯愿展所钦。

胡为不归欤，坐使年病侵。

未老霜绕鬓，非狂火烧心。

太行何难哉，北斗不可斟。

夜静星河出，耿耿辰与参。

佳人夐青天，尺素重于金。

沉寥群动异，眇默诸境森。

苔衣上闲阶，蟋蟀催寒砧。

立身计几误，道险无容针。

三年不还家，万里遗锦衾。

梦魂无重阻，离忧周古今。

胡为不归欤，辜负匣中琴。

腰下是何物，牵缠旷登寻。

朝与名山期，夕宿楚水阴。

楚水殊演漾，名山窅岖嶔。

客从洞庭来，婉娈潇湘深。

橘柚在南国，鸿雁遗秋音。

下有碧草洲，上有青橘林。

引烛窥洞穴，凌波睅天琛。

蒲荷影参差，凫鹤雏淋涔。

浩歌惜芳杜，散发轻华簪。

胡为不归欤，泪下沾衣襟。

鸢飞戾霄汉，蝼蚁制鳣鲟。

赫赫大圣朝，日月光照临。

圣主虽启迪，奇人分湮沈。

层城登云韶，王府锵球琳。

鹿鸣志丰草，况复虞人箴。

沈季铨舍身救母

◎无父何怙，无母何恃？——《诗经》

沈季铨（生卒年不详），唐代洪州豫章人。

沈季铨从小就死了父亲，母亲一个人辛辛苦苦地将他抚养成人。

沈季铨自小就比一般小孩懂事，知道关心母亲、体贴母亲。他听母亲的话，还能帮助母亲干力所能及的活儿。

沈季铨从不和别人争论计较小事，有时有人故意逗他、惹他，无理取闹，他也从不生气，总是一笑了之。时间长了，有人问他："你怎么这样老实，懦弱无能呢？"他回答道："为人老实有什么不好呢？"那人很不理解，叹道："你也太不争气啦！"沈季铨只好把自己的想法都告诉他，说："我是很老实，但不是软弱可欺。我想的是处处事事都不叫母亲操心，不叫老人操心就是对老人的孝敬。你想想，和人家争吵起来，你说人家的不是，人家反过来也会说你的不是；你骂了人家，人家同样会骂你，使父母受到侮辱，这就是不孝敬了。孝敬父母，就必须做到自尊自爱，使父母免受侮辱。这样做能说是懦弱无能吗？"

那人听了很受启发，没想到他人不大，想问题倒挺深刻。这些话传到了同龄人的耳里，大家都不再惹逗他了，而且十分敬重他，有的还照他的样去做，不再惹是生非了。

贞观年间，一次，他陪着母亲到亲戚家去串门。在照料母亲过江时，突然刮起了大风，船失去了控制，母亲不幸掉到江里了。风呼啸着，母亲来不及呼救就被浊浪卷入江底。"母亲！"伴着这带有惊慌、悔恨、痛心的呼号声，沈季铨纵身跳入江中。他奋力朝母亲游去，抱住母亲，曾几次举出江面，但终因风大、水深、浪急，没能救上来。母子一起沉入了江中。

过了一天，岸上的人才发现漂浮在江面上的尸体。打捞上来时，人们发现沈季铨的双臂仍紧紧地抱着母亲的躯体，很难分开。

当地执政的都督谢叔方看着打捞上来的尸体十分感动。为表彰沈季铨舍身救母、至死不怠的品格，他着人买来棺材和祭品，岸边的父老也主动前来相助，把母子埋葬在江岸的高处，名之为"孝子坟"。

◎故事感悟

沈季铨幼年便明事理，不让母亲操心，体现了其孝敬母亲的崇高品质。母亲掉落江中又奋不顾身去抢救，这种精神是多么可贵啊！沈季铨至死不怠的孝行陶冶着一代又一代的后人。

◎史海撷英

白马驿之祸

白马驿之祸又称白马之祸，是唐朝末期朱温杀害清流朝官的一次事件。

天祐二年（905年），朱温在亲信李振的鼓动下，在滑州的白马驿（今河南滑县境）一夕杀尽左仆射裴枢、新除清海军节度使独孤损、右仆射崔远、吏部尚书陆扆、工部尚书王溥、守太保致仕赵崇、兵部侍郎王赞等"衣冠清流"30余人，并将尸体全部投入河中，史称"白马之祸"。

朱温篡唐白马之祸后，唐朝政府的势力基本被扫除。两年以后（907年），朱温废掉唐哀帝自立为皇帝，改国号为"梁"，史称后梁，朱温也成为梁太祖，唐朝正式灭亡。

◎文苑拾萃

唐人——中国人的通称

唐代是中国古代最繁荣强盛的一个朝代。从唐太宗的贞观之治开始，唐朝拓土开边，威震中亚、西亚及南海各国。在西北地区，那里的少数民族都称唐太宗为"天可汗"。到了唐玄宗的开元之治，唐朝的国威更是日益强盛，远近各国都会派人前来"访问"。从此，外国人对中国的一切都均以"唐"字加称，如称中国人为"唐人"，称中国的字为"唐字"，称中国为"唐山"，等等，这些称呼也一直延续至今。

唐朝灭亡后，由于唐朝对世界各国经济、文化的影响，外国人对中国人称为"唐人"的习惯一直没变，从宋元直至明清时代都是如此。《明史·真腊传》中说："唐人者，诸蕃呼华人之称也，凡海外诸国尽然。"直到现在，老一辈的华侨仍喜欢自称为"唐人"，称中国为"唐山"，华侨聚居的地方称为"唐人街"。日本在明代时期仍称呼中国为唐土，称呼中国人为唐人。

朱丹溪改行学医

◎人人都可孝父母，孝敬父母如敬天。——《百孝经》

> 朱丹溪（1281—1358年），名震亨，字彦修，因世居丹溪，故人称朱丹溪，或尊称为丹溪翁。朱丹溪是元代义乌（今浙江省义乌市）人，与刘完素、张从正、李杲等人并称金元四大医学家，为滋阴派的创始人。

朱丹溪幼年丧父，与母亲相依为命。少年时代的朱丹溪深知母亲的难处，非常体谅母亲。母亲无力供他上学读书，他就自学。白天帮助母亲干活，晚上挑灯读书。家中没钱买书，他就到村上一户藏书多的人家去借。就这样日积月累，他学习了很多知识，到了青年时代，就已才华出众，成为当地一位学问渊博的人。

邻里见他学问过人，劝他考科举，弄个一官半职的，日子也好过，又能光宗耀祖。但朱丹溪对此劝说从未动心，因为他一心致力于科学技术的研究。可是，朱丹溪后来却改学医学了，这是为什么呢？

朱丹溪30岁时，与他相依为命的母亲患上了严重的胃病。朱丹溪非常着急，到处寻医问药，请了很多医生给母亲治病，可是母亲的病始终不见好转。

朱丹溪见母亲病痛的样子，心里十分难过，于是就暗下决心改学医学，以便日后可以亲自为母亲治病。从此，他日以继夜地钻研医学，如《内经》、《难经》等，并努力研究"望、闻、问、切"的诊病方法，尤其是研究胃病的常用药物。他不畏劳苦，亲自上山采药，亲自炮制。为了安全起见，熬成药后他都要亲自尝一尝，体味药性，然后才让母亲喝。

　　工夫不负有心人。经过整整五年的时间，朱丹溪竟奇迹般地把母亲的病治好了。乡里人都夸他是个大孝子，母亲为有这样孝顺的儿子而感到宽慰。

　　"老吾老以及人之老"，朱丹溪见母亲的病治好了，他决定要给更多的人解除病痛。于是他一方面继续自学医学，一方面寻访名师。一天，他终于打听到一位叫罗知悌的医生医术很高明，就亲自登门拜师请教。而罗知悌拒不收徒，朱丹溪经过三年的努力，才被收门下。

　　这样，朱丹溪在名师罗知悌的精心指导下，没过几年，就达到了药到病除的水平。朱丹溪很快就成为一位远近闻名的医生。

◎故事感悟

　　朱丹溪为给老母治病而改行学医，足见其对母亲的一片真情孝心。而他日以继夜地钻研医学，使我们不难想象出他的毅力：为了一个目的，即使千折百转，不达目的誓不罢休。今天，这种精神仍值得我们学习。

◎史海撷英

朱丹溪发奋为学

　　朱丹溪自幼性格豪迈，见义勇为，从"不肯出人下"。元大德四年（1300年），朱丹溪刚刚年满20岁，便被任命为义乌双林乡蜀山里里正。在任期间，他刚正不阿，敢于抗拒官府的苛捐杂税，因而深得民众的拥护，就是官府都要忌他三分。

　　朱丹溪30岁时，母亲患病，"众工束手"，因此他立志学医。朱丹溪刻苦钻研《素问》等书，"缺其所可疑，通其所可通"，克服了学习上的种种困难。经过5年的勤奋苦学，他既治好了母亲的病，又为自己日后的医学道路打下良好的基础。

　　这时，36岁的朱丹溪在强烈的求知欲驱使下，前往东阳师从许谦，学习理学。4年后，他成为许谦的得意门生。后来，他又将理学结合医学，推动了医学理论的发展。

　　延祐元年（1314年）八月，科举制度恢复。朱丹溪曾参加过两次科举考试，

但都没有考中。然而，科举失败并没有使朱丹溪灰心丧气。这时，他的老师许谦卧病日久，也鼓励朱丹溪学医。于是，朱丹溪决意断绝仕途，专心从事医学事业。

从此，朱丹溪一心扑在医学上，学业大有长进。42岁时，朱丹溪治愈了恩师许谦多年的顽疾。

◎文苑拾萃

《格致余论》

《格致余论》为我国元代著名的医学著作，由元代著名医学家朱丹溪撰于1374年。

《格致余论》全书共有论文41篇，包括基础理论、病症辨析、治法和对一些方剂的评述等内容，涉及内容相当广泛，篇次排列没有规律，颇有随笔杂记之韵味。如果不拘原书篇序而按所论内容分类，大致有：论养生者，有"饮食色欲箴"、"养老论"等；论生理病理者，有"受胎论"、"阳有余阴不足论"等；论诊断者，有"涩脉论"、"治病先观形色然后察脉问证论"等；论治者则，有"治病必求其本论"、"大病不守禁忌论"等；论具体病症者，有"痛风论"、"疟论"等；论具体方药者，有"脾约丸论"、"石膏论"等。另外，还有其他杂论数篇。

在人体生理方面，朱丹溪重视阴血，认为阴精难成而易亏，因此提出了著名的"阳有余阴不足论"；在病因病机方面，朱丹溪重视湿热，相火，特撰"相火论"，指出正常相火虽为人身动气，但若因物欲妄动，则可成为贼邪；在治疗上，朱丹溪注重滋阴、养血、清热，反对滥用温补和盲目攻邪。

忠孝两全数王祥

◎父母德高，子女良教。——格言

> 王祥（185—269年），字休征，琅琊（今山东临沂）人，历东汉、魏、西晋三代。仕魏官至司空、太尉，在晋官至太保。王祥以孝著称，为《二十四孝》中卧冰求鲤的主角。他亦是"书圣"王羲之四世祖王览的同父异母兄。

晋朝时，山东省琅琊郡（今山东省青川府沂水县）有位姓王名祥的人，他是东汉末年谏议大夫王吉的后代。王祥的祖父王仁曾任青州刺史，其父王融虽有学问才干，却不愿当官，只在家守祖业。

"家无生活计，坐吃如山崩。"王融自恃儒生，大事干不成，小事不愿干，家境一天天地衰败了，靠雇工种田维持一家人生活。

更不幸的是，王祥刚满两岁，生身母亲就病死了。其父王融续弦，娶朱氏为妻。朱氏面善心狠，生男孩王览后就偏爱自己生的儿子，经常在王融耳边谮说王祥，这样不对、那样不好地挑拨是非，致使王祥失爱于父亲。

当王祥才十来岁时，就要干挑水、砍柴这样的重活，还要打扫牛圈内的牛屎、牛尿、杂草。但小王祥很听父母的话，叫干啥就干啥，从不顶嘴埋怨。

王祥人虽小，倒还懂事。伺候父母，更加小心谨慎。每当父母有病，王祥主动煎汤熬药，端茶递水，从不偷闲。还常常夜不解衣，守候在病床前，实在太困了，就趴在床沿上打个盹儿。俗话说"人心都是肉长的"，继母见王祥这般孝顺，渐渐回心转意，很少在父亲面前挑唆了。

有一年的冬季，朱氏因病想吃鲜鱼，就叫十多岁的王祥设法去弄鲜鱼。

　　王祥一连几天，跑了几个集市去买，连鱼鳞都没见到。河塘里冰结得厚厚的，白亮亮的，连水点都不见。

　　王祥对家乡那条河了如指掌，哪节河床有多宽多窄，哪处有深沱浅滩，哪里有石罅洞穴，哪处有鱼鳖虾蟹……他都清清楚楚。因为他从小就在这条河里游泳、玩水、捉鱼、摸虾、逮鳖、抓蟹……苦惯了的农家孩子，以此为乐趣嘛！

　　挨近晌午，暖烘烘的太阳光洒遍大地。王祥为了捉鱼，手握一根木棒，沿河走，边走边用木棒敲击河心的冰坨，寻找积冰较薄的地方。

　　王祥专找河深水薄处敲呀敲，竟将一处河心击开了一个大窟窿，有簸箕那般大。

　　王祥脱衣解带，想钻进冰洞去摸鱼。突然，冰开窟窿处浪花翻滚，见有好多条鱼，迎着太阳的亮光摇鳍摆尾，喷泡跳跃，你追我逐，甚为壮观。嗨，竟有两三条鱼跃出了冰洞，躺在冰层上挣扎着。

　　这时王祥可高兴极了，捉住那几条鱼拿回家，烹调好给继母吃。继母吃着鲜嫩的鱼，心里乐滋滋的，似乎病体都轻松多了。

　　她眼见王祥比自己亲生的儿子还乖巧，感动不已。又听王祥讲了鲜鱼的来历，心想，这也许是神灵协助了他。

　　哪里有什么神灵？其实绝大部分生物（特别是小动物）都有趋光性。现代渔民在大海中捕鱼，常用电激光来诱捕某些鱼类。

　　俗话说："风流人眼馋，患病人嘴馋。"害病的人，常想吃些不常吃的东西，这是正常现象，多属病态反映。想吃什么，巴不得随要随到才好。

　　又有一天，朱氏将王祥喊到床前对他说："祥娃呀，妈想吃那用火烤熟，再蘸上椒油，又酥又香的黄雀。你能给妈弄上一些来吃才好呢！"

　　天上飞的小黄雀，要想抓住它们可就难办啦！王祥想抓到黄雀，跑到山野地里去想办法捕捉，可是连跑了好几天，连一支黄雀羽毛都没捡到，每天总是失望地回家。

　　那天，王祥爬上几座高山去寻找，心想只要能找到黄雀鸟窝，等天黑净，爬上树去掏巢，总会抓住几只。

　　王祥正在山上攀藤拨草找鸟窝时，忽然间，天空乌云翻滚，狂风乱刮，下起大雨来。他四顾无处躲雨，只见半山腰有座山神庙，就冒雨朝山神庙跑去。到小神庙前一看，山门开着，庙内无人。这庙是只有一个殿堂的小庙。正面神龛上正中那尊骑着老虎的菩萨就是山神，大概是专管山中飞禽走兽的吧，他能驯虎来骑，其他禽兽当然不在话下，只有俯首帖耳服管了。左边是骑虎撑龙的药王菩萨，右边是土地爷……啊，他们都是没上品级的地方官，当然住这山间小庙。不过神龛上挂的帏幔色彩较新，香炉中插的香烛杆较多。也许菩萨较灵验，人们烧香敬奉的还多呢。

　　王祥刚进庙不久，刹那间，天昏地暗，狂风大作，飞沙走石，电闪雷鸣。王祥在庙内，风刮得他几乎透不过气来，紧接着大雨倾盆。

　　忽然，随着一阵狂风，一大群被雨淋湿的黄雀飞进庙来，躲进神龛上挂的帏幔里，有好几十只。它们钻进帏幔就乱扑乱跳，翅羽淋湿，飞不高、扑不动了，有的已气息奄奄了。王祥乘此时刻爬上神龛，一会儿就逮住了一二十只黄雀。

　　王祥将逮住的黄雀拿回家，照继母说的办法，去毛洗净，烘烤浇油，一个个油黄酥脆，馨香扑鼻。继母吃了，胜似灵丹妙药，病慢慢好了。

　　邻居乡亲闻听王祥逮黄雀的经过，都说是山神菩萨被王祥的孝行所感动，帮助他逮住黄雀。

　　其实，在狂风暴雨下，宿居在树上的鸟儿是会遭殃的。王祥能逮住黄雀，就是自然界的风雨帮了他的忙，不过是机遇巧合罢了。

　　但王祥的继母朱氏认为是神灵显圣，心理上起了促进作用，从此将王祥视为亲生儿子，送王祥进学堂读书，支持王祥跟一位武术教师学武艺。王祥也更细心地孝敬父母，同时勤读苦练，学好本领，长成了一位文武双全的壮汉，名声越来越大了。

　　后来，父亲不幸得病卧床不起，医治无效，不几个月就去世了。这下家庭担子就靠王祥支撑了。尽管有二弟王览，但他是兄长，长兄当父嘛。

　　那一年，王家栽的苹果树结果很多。快成熟时，一个个青中露红，挂在枝头怪逗人馋的。王祥叫弟弟在家伺候老母，看好家门，他在树下看守苹果。

一来防贼偷窃，二来好捡起被风吹落的果子……母亲欢心，弟兄和睦，家庭经济状况，也比前几年宽裕多了。真可谓弟兄和而家道兴。

"良禽选树而居，良臣择主而事。"那时，司马氏王朝为了争夺地盘扩充势力，以强凌弱，四方征战，闹得生灵涂炭，天下极不安宁，怨声载道。

王祥此时身强力壮，血气方刚，正是为国家出力的时候。但他见司马氏王朝不行仁政，挑起不正义的战争，怎肯为他们出力，去助纣为虐呢？

王祥看清了政局，避开战乱之祸。扶母携弟，收拾可带走的财物，迁居至庐江偏僻处。母子三人耕地过日子，隐居了近20年之久。在此地隐居时，弟兄二人均娶妻生子，团团圆圆，一大家人了。

同时期，王祥在方圆几十里内结交了众多爱好武术的朋友，相互切磋交流武艺，受益匪浅。世人劝他出外谋个一官半职，他借口有母在堂需孝敬，绝不出仕。县州府官多次具厚礼登门拜访，均被他一概拒绝。

直至继母年老病逝，安葬守孝期满，家中无长辈牵挂时，徐州刺史吕虔备礼品，驾马车，派专使，登门聘请王祥去当衙门提督武官。王祥还犹豫不决。

来人呈上吕虔刺史的聘书，聘书上说明：

王祥阁下：

久已闻阁下，孝行感神明，品德盖群芳。文武皆俱备，却养晦韬光。虔虽无功德，愿为举贤郎。适逢贼蜂起，黎民遭灾殃。君当挥戈起，锄暴以安良。凯旋归来日，吾当奏皇上。必登龙虎榜，功勋传四方。百姓翘首望，箪食携壶浆。

徐州 吕虔谨书

王祥阅了徐州刺史吕虔的聘书，颇有感想。加上弟王览的竭力劝说，他才下定决心，邀约当地曾一同交往练武的朋友十余人去投奔吕虔部下从戎。

此时，王祥年近五旬了，但还不减当年威武，他立刻率领数十万大军征讨乱贼。他恩威并用，张榜教化众生，凡胁从者，放下武器，一律释放，不予追究；有小过失者，立即改邪归正，仍不追究；罪大恶极者自动归降的，可从宽处之；负隅顽抗者，严惩不赦。

如此文、武两手，宽严结合的征讨，贼群迅速土崩瓦解，王祥横扫千军如风卷残云……

王祥率领的队伍没经多长时间的拼杀追剿，徐州境内就平安无事了，老百姓甚为称颂。当王祥班师回朝时，老百姓箪食壶浆，以迎王师。

王祥由太尉升为侍中郎，最后受皇恩，册封为睢陵侯，颐养天年。

像王祥这样，年少时勤耕苦读苦练，细心孝敬父母，尽子女应尽之责；中老年时，又能为民出力，为国家效忠，真可算得上是忠孝双全的人！

◎故事感悟

王祥真心诚意，数十年如一日地孝敬继母，这不是凭短时间"心血来潮的热忱"，更不是出于某种需要而"伪装"得下去的。王祥孝敬继母，从幼小至中年，直至年近五十，一如既往地视继母为亲母、长期孝敬供养送终，可谓难能可贵！

◎史海撷英

高平陵事变

曹魏统治的中后期，司马懿的地位日益显要，魏明帝时便已经官至太尉。魏明帝死后，司马懿与魏宗室、大将军曹爽共执朝政，政治矛盾也日益尖锐。

曹爽因担心被司马懿夺了地位，便上表请求将司马懿转为太傅闲职，明升暗降，剥夺了司马懿的军政大权；他又安排自己的心腹何晏、丁谧等人执掌机要，竭力排斥司马懿在朝中的势力。于是，司马懿便装病不起，有意麻痹曹爽，但暗中却在策划谋反。

正始十年（249年）正月，司马懿乘曹爽兄弟随魏帝祭扫明帝高平陵（在洛阳南）之机，在宫里发动了政变，夺取武库，派长子司马师屯兵司马门，自己和太尉蒋济则出屯洛水浮桥，断绝曹爽归路。又逼迫郭太后（魏明帝皇后）下令废掉曹爽兄弟的官职，先声夺人。随后，他又派人送奏章给魏帝，要求罢免曹爽兄

弟。曹爽开始还犹豫不决，但为求活命，最终同意交出大权，以候还第。数日后，司马懿又以谋反的罪名诛杀了曹爽兄弟及亲信何晏、丁谧、毕轨等人。自此以后，曹魏的政权实际便落入司马氏集团的手中。

◎文苑拾萃

《二十四孝》第十八篇 卧冰求鲤

晋王祥，字休征。早丧母，继母朱氏不慈，父前数谮之，由是失爱于父。母欲食生鱼，时天寒冰冻，祥解衣卧冰求之。冰忽自解，双鲤跃出，持归供母。

有诗曰：

> 继母人间有，王祥天下无。
> 至今河水上，一片卧冰模。

庚道愍外邦寻亲母

◎有子且勿喜，无子固勿叹。——韩愈

庚道愍（生卒年不详），颍川鄢陵人（今河南省鄢陵县），东晋王朝的司马庚冰的后代。

庚道愍的祖父继承家业，家资富有，娶了一妻一妾。

妻生子叫庚富，娶了个刁顽心狠的孔氏，所生一男，名叫庚长生。

妾生次子叫庚贵，为人老诚忠厚，娶了个相匹配的温柔和善的涂氏，所生一男，名叫庚道愍，就是故事中的主人公。

船载千钧，掌舵一人。庚道愍的祖父就像庚氏大家庭的舵手。祖父在世时，风平浪静，庚氏大船也平平稳稳。殊不知，祖父病故，两个祖母也相继去世后，就祸起萧墙了。

"长兄当父，长嫂当母。"庚道愍的祖父、祖母相继去世后，庚氏的当家人无疑就该伯父庚富继任了。老实巴交的庚贵还有什么话可说的呢？

这时，奸诈的庚富与刁顽心狠的孔氏当了家，仍不心甘，还得陇望蜀想独吞。庚富与孔氏的邪念由此萌发出来。

涂氏生下庚道愍，刚满40天，按民间习俗，要回娘家去休养一段时间。

涂氏在娘家休养那段时间，突然得到丈夫庚贵暴病的消息。涂氏连忙带着孩子赶回庚家。

涂氏跨进门槛一瞧，丈夫庚贵的尸体已经直挺挺地停放在堂屋木板上了。涂氏捶胸顿足、嚎啕大哭，哭得死去活来。不是担心身边才满40天的婴儿无人养育的话，她也干脆随丈夫去了。

涂氏哭干了泪水，仔细看看快殓尸入棺的丈夫，竟发现丈夫的嘴角、鼻孔有紫红色的血痕。她早就听说，被砒霜毒死的人，嘴巴、鼻孔要流血……

丈夫死得冤枉呀！可是她一个妇道人家，虽明知丈夫冤屈而死，又向谁人哭诉申冤呢？写状纸告到官府吧，又有谁来为孤儿寡母撑腰呢？何况没报案，没经法医检查，有何真凭实据、问行凶人的罪呢？一家的财物都在当家人庚富手中掌管，自己腰无半文，怎么去打官司……

涂氏想到这些艰难处，真是哑巴吃黄连——有苦说不出……更哭得伤心，又无可奈何……

涂氏刚把丈夫送上山安葬好，七七四十九天都还没出服摘孝帕，庚富与孔氏就骂她是铁扫帚星，说她不单克死了丈夫，还要克败庚家。今天吵，明天骂，骂了爹妈，骂祖宗，闹得鸡犬不宁。四邻听得都只好塞住耳朵……

那天，涂氏陪嫁的丫环梅香悄悄把偷听到的话告诉她："昨天我从大少爷卧房的窗前过，听大少爷跟大少娘商量，要把你嫁出去……然后把这小崽娃弄死……二少娘，你要当心呀……看这势头，我也在这个家住不长了。我是陪嫁货，倒任凭他们处治。我才十七八岁，我想活……"

涂氏一听，如五雷轰顶，又气得大哭了一场。光哭不顶用，得想个办法呀！

涂氏想去想来，什么办法都想过了，看来只有这不算办法的法子了。她赶快收拾。

就在第二日晚上，夜静更深了，她将丫环梅香喊进她的内室，双眼噙着泪水对梅香说："梅香妹子，我在家当闺女时，你就伺候我，已经七八年了，我非常感谢你。今天，为姐走投无路了，估计你也会受牵连的，都是为姐害了你呀！事已至此，为姐只有一事拜托你了。道愍这孩子，是我丈夫的亲骨肉，也是我丈夫这一房人的独苗。他才两个月，为姐都自身难保，更没能力保护孩子了。为姐就把这孩子交托给你，请你将他当成义子，把他抚养成人。这包袱我已收拾好了，包袱内有我陪嫁的部分金银首饰，你拿去变卖成钱来补贴生活。还有我头上发髻上这枝玉簪，我将它拆成两节了。这节我留着作个纪念，这节由你保存好。如果神灵保佑，将来有相会那一天，就以这两节玉簪相接吻合为凭据……梅香妹子，这事请你答应我。你对我，对孩子的恩德，为姐今生今世万一不能回报的话，来生变牛变马也要报答你呀。"

"二少娘，不，我的好姐姐。姐姐的话，梅香记住了。梅香一定将道憨这孩子抚养成人。有我梅香在，就要让孩子长大成人。请姐姐放心。"梅香抱过睡熟的庚道憨，紧紧贴在怀里，将包袱捆在背上，趁天黑无人瞧见打开后门。分手时，梅香又转身对涂氏叮嘱说："姐姐，他们起了歹心，你也要赶快走啊！"

涂氏从后门送走梅香，转身回房，抓紧收拾行李，打算在天亮逃走。就怕天亮后，哥嫂一旦发现庚道憨孩子与梅香都不见了……怕要活活拆磨死我呀……

涂氏边收拾衣物，边抽泣，怕大声哭惊动了哥嫂他们，更麻烦了。边想，我又向何处去呢？只有回娘家去安身……又不知娘家兄嫂有无看法呢？唉，天无绝人之路，我要活下去。道憨这孩子才两个月就断奶，菩萨要保佑孩子活下去呀。

涂氏把衣物收拾好，吹熄灯坐着，等鸡叫三遍才走。下弦的月亮也许爬上山了……也好去庚贵的坟前磕个头……

"喔，喔，喔——"听雄鸡刚啼头遍，涂氏推开窗户看外边，仍黑得伸手不见五指。她想再坐一阵就动身出门……

"二妹，涂二妹，开门。"涂氏一听，分明是大嫂孔氏的喊声。涂氏想，半夜三更的，她就来叫门干啥呢？涂氏迟疑着，没去开门。

"涂二妹，快开门呀！你大哥肚子疼，我找火石点火，给他拔火罐。快开

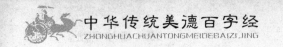

门，把火石递给我嘛？"孔氏似乎很着急地叫喊。

等涂氏一手拿火石，一手抽开门闩，门刚张开条缝，就有几个五大三粗的汉子推开门闯进来，有的一把抱住她，有的堵嘴巴，有的蒙眼睛，七手八脚将她抬出房门，塞进一乘小轿子内，再用绳索捆住手脚，几个汉子抬起轿子就跑。涂氏在轿子内，身子被绳索捆住，动弹不得；嘴巴被堵住，哭喊不出；眼睛被蒙住，不知天光几时了只好飘飘荡荡、糊里糊涂地被几个汉子抬着走。

走呀走，也不知走了多远了，直到住店时才放下轿子，取下嘴里堵的帕子，取开蒙眼睛的布，一看已是天黑掌灯时分了，也不知被他们抬到何处来了。

第二、第三天仍然将涂氏堵上嘴，蒙上眼睛，只是没捆手脚了。抬轿子的谅她也跑不脱了。

后来几天，改乘马拉车，乘船，走路，也就没堵嘴蒙眼了，只是有两三个汉子紧跟着，不准她乱说乱动罢了。

走呀走，翻山越岭，晓行夜宿，没人和她搭话，幸好无人对她有非礼之举动。

连续走了二十多天，才来到一个小镇上停下来不走了。不过听人的口音，看人的衣着习俗，都与家乡迥然不同了。

涂氏静坐着，那丈夫的冤死，哥嫂的虐待，嗷嗷待哺孩子的分离，一伙汉子拖上轿……一串串往事，涌上心头，泪水又滚落下来，自叹，命运这么苦啊……

涂氏正千头万绪，沉思落泪时，一位衣冠楚楚，还算年轻的中年男子走了进来，挨近涂氏斜对面坐下。那男子客气地对她说："娘子，请谅解，这事怪我事先没问清楚。不知娘子刚才死了丈夫。生离死别，谁能一旦丢开，好歹夫妻一场嘛！恩爱夫妻更不消说。这点，本人是有亲身感受的……我把银子交过手，才听你婆家哥嫂说的……早知这样，我何必在你那新伤口上撒盐呢？唉，都怪我。""你把银子交过手？交给谁？"涂氏惊问。

男子回答："我将五十两银子交到你大哥庚富手里，算是买你的身价钱。我确实不知你刚死了丈夫。听说，在中国汉人家，夫死妻要守节……我不了解，说不清楚。"

涂氏问："你说，在中国汉人……这里是什么地方？离我家乡河南多远了？"

男子回答："这里是越南国境内了，你们那边称这地叫交州。隔河南有几千里远呢。"

涂氏一听，又号啕大哭起来，弄得那位男子十分尴尬，不知所措。

男子等涂氏哭了好一阵，才诚恳地说："娘子，不必哭了。我叫阮青，现年35岁，前妻病死一年多了，没丢下一男半女。父母早就去世了，兄嫂分居多年了。我在高平开了一家布匹绸缎铺，有两个小伙计看管，一心想娶你做我妻子，好料理生意买卖……如果娘子不愿同我结为夫妻，一心回河南老家的话，我愿花钱将你送回去。如果娘子愿意留下来，同我结为夫妻，我就感激不尽了。我知道，中国的女人比我们这个地方的女人能干，我，我不会说话，请娘子多多考虑，明日回我的话，好吗？我走了——我会给你送穿的、吃的来。娘子有啥话尽管讲，我绝不会为难你的"

涂氏见这阮青虽是跑江湖的经纪人，说话恳切意诚，不像那批奸诈狡猾的生意人。他愿送我回老家，丈夫已死，庚富、孔氏夫妇这么毒狠，我回去如何过日子呢？岂不被活活折磨死吗？回娘家吧，爹妈年岁已老，兄嫂将会如何对待我呢？俗话说，嫁出门的女，泼出门的水，回头难呀！另外选人户改嫁吧，无价宝易求，要觅知己难呀！如今配夫妻，好比麻布袋内瞎摸猫，是黄、是白、是花、是黑，谁能先知？足不出户的女人就更是凭命运了啊！事到而今，只有听天由命了啊！

涂氏就这样，一人在异国他乡生活下去。庚氏的家产，不消说就由庚富一房人独吞了。

但愿，善有善报，恶有恶报呀！

心地善良的丫环梅香，背个包袱，抱着婴儿庚道愍，乘黑夜逃出庚家门。深一脚、浅一脚地摸黑走了五六里，坐在路旁的一个土地庙屋檐下，等到天亮才赶路，回到自己父母家。她娘见闺女竟抱回一个嫩生生的婴儿回来，甚是生气。经梅香说明情况，父母虽消了气，却犯了愁——未出阁嫁人的闺女，带个婴儿，岂不遭人说短道长，让全家蒙羞吗？

梅香却满不在乎："树正何愁日影斜。我坐得端，行得正。一辈子不嫁人，我也要把孩子抚养成人。"

好人终有好报。在别人帮助下，梅香带着孩子，嫁了个忠厚老实的丈夫。她丈夫知道了孩子的来历，十分关心体贴，将庚道愍当成亲生儿子，小两口恩恩爱爱地过日子。

等到庚道愍长到十来岁，稍懂事了，梅香才将其父庚贵冤死，母涂氏托孤助她逃出庚家门，留下半节玉簪作它日相逢时的凭据等等详情，告诉了庚道愍。只是不知母亲涂氏的去向，小道愍痛哭了一场，将养母梅香讲的事铭记在心里。

梅香夫妇将庚道愍送进学堂读书。聪明懂事的庚道愍牢记冤死的爹，苦命的娘，好心的养身父母，恩仇分明，自己岂能虚度光阴。必须勤奋苦读，功名成就，才能有恩报恩，有仇报仇。

冬去春来，花开花落。眨眼间一二十年就过去了。

古语："三贫三富不到老，十年兴败多少人！"

庚富与孔氏阴谋害死了二弟庚贵，串通人贩子将新寡弟媳涂氏卖到了几千里之遥的交州，小道愍失踪了，就差没斩草除根。反正庚氏的祖业家产被庚富一房人独吞了。

庚富与孔氏独占家产后，倒还安安逸逸地吃、喝、玩、乐过了好几年。

有其父母，必有其子。庚富的独生子庚长生，不学无术，擅长打牌、掷骰、钻花街、逛柳巷、酗酒逞强……不在话下。

"凑钱犹如针挑土，用钱恰似水推沙。"祖传家业田地，没几年就被庚富、庚长生卖光当净、所剩无几了。

庚富得病卧床不起，求医服药又借了债。孔氏过不惯粗茶淡饭的生活，吵闹起来，更不愿照料得病的丈夫。

那年严冬，庚富怕冷，晚上抱着火笼子睡觉，不知怎么弄翻了火笼子，引燃了被子、蚊帐，等大火冲上了房顶，烈火灼疼了孔氏母子，他们才从梦中惊醒逃生。母子各跑各的，哪管卧病不起的庚富呢？

深更半夜，大家都睡得正香甜，没人来救火。火势迅速扩大，火趁风威，风助火势，没一个时辰，庚家院烧得精光，只剩下断垣残壁，瓦砾满地。家资财物，全部化为灰烬。庚富也被烈火烧得只剩一大坨黑黢黢的糊焦肉疙瘩。

孔氏虽然逃得活命，却无家可归、无饭可吃、无衣可穿了。四邻都知晓她的所作所为，谁都不怜悯她，援助她。也许都不愿舀碗冷水给她喝，只有无数的手指她的后脊梁骂……她找了个旧提篮，捡了根打狗棍，悄悄溜到远方，开始新的生活——当乞丐婆去了。

庚长生还算年轻，但除了嫖、赌、吃喝外，啥也不会做。那"长生"的名儿取得不错，早就给他指明了出路。听说，"聪明"的庚长生，跑到离家乡很远很远的一座庙里去剃发当和尚去了。他大概以为，今生没享尽人间"福"，打算重修来世吧！也许幻想长生不老吧！

"要振家声在读书"，庚道愍以这句古训来激励自己，刻苦攻读。他17岁考上秀才，20岁就中了举人，本欲继续努力，上京赴考进士的，但从小至今的一桩心病至今未能了结，生身母下落不明，生死未卜，哪有心思再去科场拼搏啊！

"百善孝为先"，寻得母亲下落，求得与母亲团聚再说。

庚道愍犯愁了，连生身母的去向都不知！当年梅香抱着他离别母亲时，他才两个月大，他们走后涂氏就失踪了，四邻都不知半点影儿。知情者伯父庚富已被火烧死；伯母孔氏也远游他方，杳无音讯。唯有堂兄庚长生还在世，不过那时他大约六七岁，大人干的事他不一定知晓。庚道愍抱着一线希望，东查访，西打听庚长生到底去哪里出家了。后来听说，到嵩山一带什么庙当和尚去了。

庚道愍打听到了庚长生走的大方向，他便带上盘缠直奔嵩山一带，一个庙、一个寺地去查访。

庚道愍跑遍了嵩山附近的寺庙，最后在中岳庙找到了堂兄庚长生。而今的庚长生与过去相比，面目全非了。

弟兄俩会面，庚道愍再三讲明来意，劝兄莫记前仇，告诉自己生母涂氏的下落。

庚长生回忆了好半天才说："那时，我还没满7岁。那晚，夜深了，我早睡熟了。一阵嘈杂声把我吵醒了，等我爬下床，扒着门缝往外看，看到一群大汉把二婶朝轿子内塞……第二天，我追问妈，妈只向我说了一句，弄到很远很远的交州……还是高平，记不得了，反正不是中国……卖给一个做绸缎生意的商人。"

庚道愍根据这有限的信息，翻阅了大量资料，感觉母亲被卖到了西南边陲交州。

庚道愍心中有底了，立即呈文禀奏皇上和上司，请求赴众人都不愿去的蛮荒之地的广西附近当官，主要是为了探寻到交州的路线。

庚道愍的申请奏章是十拿九稳的。封建时代，官僚犯了罪才迁任广东、广西等地"做官"的。奏章很快就批示下来，道愍被派往湖南省挨近广西、贵州的绥宁府，专管监牢、囚犯与档案。

交州，接近热带，挨近南海，晴雨天气，瞬息万变。

那天傍晚，快落山的太阳仍火辣辣的，灼得人皮肤发烫。

忽然间，狂风刮得路边的树摇摇晃晃，几大团乌云滚滚翻腾，涌向天顶。刹那间，倾泻如注的暴雨就来了，一会儿便遍地汪洋。

庚道愍虽有雨伞也遮挡不住，只好跑向不远的一个村子躲雨。

这时，庚道愍看见，雨幕中一位老婆婆背一背篓木柴，蹒跚着向村子走来。庚道愍见她无雨具，全身早被雨淋湿透了。他三步并成两步，撑着伞，跑上前去迎接。

庚道愍边扶着老婆婆走，边说："老妈妈，你就在这个村子住吗？我送您老人家回去。"

"呃，我就住在这个村子，前边门半开着那间就是。"老婆婆说着又反问，"先生，听你的口音，好像是中国河南鄢陵一方的人啦。"

庚道愍反问："您，您老人家怎么听得出来我的口音呢？"

"我也是那个地方的人，怎么会听不出来呢！"老婆婆说，"我离开老家快23年了，我都老了！"

庚道愍跟随老妈妈回到家。院内有三五间房，床帐、家具、用具比较齐全，只是有些陈旧了。

老婆婆放下背篓说："先生，你请坐。我这孤老婆子家中来了远方客人。我去向邻居们说一声，免得给你添麻烦。"

老婆婆戴顶斗笠出去了，没多久就回来了，进门就说："先生，你看天快黑了。这里前无场镇，后无旅店的，就在我这里吃饭，家乡人嘛，就不要客气了。我还要向你打听个人呢，晚上就……"

庚道愍抢过话头说："晚上，我就不麻烦老妈妈，我就在你家阶檐坎坐着等天亮就走，能遮雨露就行了。"

老婆婆边做饭边问："先生刚才说，你是鄢陵人，先生贵姓？"

庚道愍回答："小侄姓庚。"

老婆婆问："先生姓庚，你知不知道庚富、庚贵那家人的事呢？"

庚道愍回答："听说，庚贵在23年前就被哥哥庚富害死了。庚富起了歹心，下场也不好。在两三年前的一个晚上，家被火烧光了。庚富害病在床，没人去救，被火烧死，尸体烧成一坨黑炭了。大概是恶有恶报吧！"

老婆婆叹了口气说："是呀，恶有恶报。先生知不知道庚富娶的妻子孔氏

和庚贵娶的妻子涂氏的下落？"

庚道愍回答："听说，庚富家的房子被烧光后，孔氏无家可归，衣食无着，出外当乞丐婆去了，也不知现在何处？庚贵娶的妻子涂氏，我听庚富的儿子庚长生说，被人卖到这交州来，嫁给一个做绸缎生意的商人了。"

老婆婆继续追问："那个涂氏生的儿子，不是托付给丫环梅香去了吗？不晓得这个孩子养活没有？那时他才两个月呀！怪可怜的。"

庚道愍回答："那个孩子养活了，已经长成大人了。我，我就是托付给梅香喂养大的那个庚道愍呀！老妈妈，你知不知道涂氏和那个商人的下落呀？我来交州找了一个多月了，一直没找着。"

老婆婆听了庚道愍的一番话，双手颤抖，手上端的菜碗都差点儿掉下，庚道愍连忙上前一步接过，放在桌子上。

老婆婆用手揉了揉煮饭被烟火熏花了的眼睛，凝视了庚道愍好一阵才说："你，你，你就是托寄给梅香抚养的那个孩子，庚道愍？"

"老妈妈，我就叫庚道愍。"庚道愍回答。

老婆婆的眼眶噙满了泪水问："你就是庚道愍，那么梅香拿什么东西给你没有？"

庚道愍边取下套在颈项上的绿丝绦红绸包儿，边说："梅香拿给我的就是这个东西。"

"红绸包，不对呀。"老婆婆接过绿丝绦红绸包一看，疑惑地说，"不是红绸包。"

庚道愍又从老婆婆手中拿过绸包，打开绸包，取出包内的东西说："是半截玉簪。"

"玉簪？"老婆婆一把从庚道愍手中抓过那截玉簪，回转身进卧室，翻箱开柜又拿出另一半玉簪，走到门口明亮处，将两半玉簪一合，丝丝入扣。她急转身走到庚道愍跟前说，"庚道愍，我是你亲妈呀！"

母子俩抱住痛哭了一场，涂氏突然揩干泪水又笑着说："儿子，别哭了，我们母子失散23年了，做梦也没想到会母子重逢。今天相会该高兴才是。哈，哈——我有儿子了！"

涂氏出门邀约四邻乡亲来看她失散23年，今天竟然来交州的儿子。

庾道愍在交州同母亲住了近一个月。后来约好曾与继父做过生意、现在要到中国内地去做买卖的几个朋友随行，母子俩一道回中国河南，与梅香一家人团聚。

庾道愍回河南老家的第三年，南齐的国君聘请庾道愍去当官。庾道愍慢慢攒了钱，娶妻生儿育女。小夫妻俩既孝敬生身母亲涂氏，又孝敬义父、义母，一同颐养天年。

◎故事感悟

　　庾道愍成年后，暂时放弃个人前程，千方百计查访生身母亲的下落，终于如愿以偿。这无疑是大孝。梅香见义勇为，辛辛苦苦将庾道愍抚养成人，其恩德至深，受到庾道愍的孝敬，也受到后代人的称赞。

◎史海撷英

刘宋王朝

南宋的开国皇帝为刘裕，其势力早在东晋末年就已逐渐发展壮大。在与东晋四大家族斗争中，刘裕取得了胜利，并于420年废掉晋帝，自立为王，国号宋。为了区别后世赵匡胤所建立的赵氏宋朝，史学家便将刘裕所建立的宋称为"刘宋"。

刘裕出身贫寒，并吸取了东晋大族屡屡兴兵反抗而导致国家灭亡的教训，因此在登基之后，他不再重用名门大族，用的人大多都是贫寒出身，兵权也都交到自己皇子的手中。

然而，刘裕的做法虽然没有导致东晋时期发生的大族割据现象，却由于皇子之间相互争权夺利，最后出现了自相残杀的局面，这是刘裕万万没有想到的。

422年，刘裕去世，宋少帝、宋文帝先后即位。其中宋文帝刘义隆共在位30年，这段时间也是刘宋王朝最繁荣昌盛的一段时期，南方的经济、文化等都得到了快速的发展。

450—451年，刘义隆贸然北伐，与北朝的魏国交战，结果大败，短短两个月的时间就由黄河北岸被攻打到长江北岸，导致南朝损失惨重。而此时北朝的远征军将士染病者越来越多，老百姓对此也颇有怨恨，北国政治陷入混乱之中。这也使得南北双方都没有足够的能力再发生战争，从此南北两方才逐渐稳定下来。

454年，宋文帝去世，宋孝武帝、宋明帝又先后为帝。然而，他们都属于历史上有名的暴君，在位期间不仅对诸将多有疑忌，对自己的兄弟也是不断残杀，因而政治也曾一度陷入混乱状态。在此期间，南兖州刺史萧道成趁乱扩充自己的力量，并形成了较强的势力。

479年，萧道成起兵灭宋，建立齐。至此，刘宋王朝宣告灭亡。

◎文苑拾萃

北伐诗

（南北朝）刘义隆

季父鉴祸先，辛生识机始。

崇替非无微，兴废要有以。

自昔沦中畿，倏焉盈百祀。

不睹南云阴，但见胡尘起。

乱极治方形，涂泰由积否。

方欲涤遗氛，矧乃秽边鄙。

眷言悼斯民，纳隍良在己。

逝将振宏罗，一麾同文轨。

时乎岂再来，河清难久俟。

骀驷安局步，骐骥志千里。

梁傅畜义心，伊相抱深耻。

赏契将谁寄，要之二三子。

无令齐晋朝，取愧邹鲁士。

杨成章半边钱寻母

◎为人父母天下至善，为人子女天下大孝。——格言

杨成章（生卒年不详），道州（今湖南省道县）人。

明朝时候，有位杨成章，道州（今湖南省道县）人。其父杨泰，科第出身，为浙江省长亭巡检官，娶妻何氏，身姿肥胖，却妩媚动人，乃名门闺秀，知书识礼，温良贤淑。夫妻恩恩爱爱，缺憾是婚后多年无生育。

豪门之家的杨氏，系三代单传了。杨泰甚感苦恼，多次与妻何氏商议，为了杨氏的传宗接代，打算纳妾生子育女。征得何氏点头，杨泰才娶了位商人之女丁氏作妾。

这丁氏，年刚18，性格开朗，心地善良，能写会算，仪容窈窕，颇受丈夫宠爱，也得到何氏喜欢。

第二年，锦上添花，丁氏便生了个白胖伶俐的男娃子。阖家喜上眉梢，三人都爱如掌上明珠，取名就叫杨成章，小名盼盼儿。

盼盼儿头上戴的是大妈（指何氏）绣的狮子帽，身上穿的是阿妈（指丁氏）缝的新棉袄。

盼盼儿咿咿呀呀学说话，两个妈都喃喃诱导；盼盼儿摇摇摆摆学走步，两个妈都搀扶，怕跌跤。盼盼儿长到三四岁，阿妈教他学礼节，大妈教他识字，画鸡蛋花草，像园丁培育幼苗，怕暴雨淋折，怕狂风吹倒。

　　正当夫妻情意缱绻，家庭美满温馨时，一家之主的杨泰得了重病，医药无效，求神不灵，竟丢下刚满4岁天真活泼的幼子，抛下体贴温存的妻和年轻娇柔的妾，无可奈何地去了黄泉境。

　　杨成章的外公是位生意人，思想豁达不守旧，家资较殷实。他见女婿杨泰已经死了，不忍心让年纪轻轻的女儿守寡，又担心女儿在杨家受大婆子的欺侮。丁外公亲自来杨家与何氏说明白，将幼小的盼盼儿交给何氏抚养，要把女儿接回娘家去。何氏也无法挽留，只好答应了。

　　丁氏与大姐何氏临别时，将一枚比大铜元还大的"当十钱"（即圆形方孔大铜钱，一般作纪念品，没当货币流通使用）砸成两个半边。

　　丁氏手拿着两个半边铜钱，诚恳地对何氏说："大姐，这孩子就拜托你，辛苦你把他养大，教育成人，为杨家光宗耀祖，以告慰孩子他爹的在天之灵。他是杨家的独根苗呀，请大姐千方百计把他抚养成人，将来好孝敬你。我的事，以后你以为应该告诉孩子的时候，再告诉他……大姐，这半边当十钱，请你保存，作个纪念。到孩子长大时，如果他能够想念我这个妈的话，就凭这半边铜钱，与我手头这半边铜钱相吻合为根据来找我。假使天老爷睁开眼睛关照，让我母子能会上一面，我就算死也瞑目了。求大姐帮我抚养大这孩子，今生不能报答，我愿来生变牛变马来报答你了。我走了，望大姐姐多多保重身体。"

　　说完，两姐妹抱住哭了一场，丁氏与父亲跨出了杨家门槛。

　　丁氏被父亲接回娘家后，何氏鉴于杨成章是丈夫杨泰的亲骨肉，是杨家传宗接代的独根苗，自己又无儿无女，把他养大，别人怀胎，自己享福，何乐而不为呢！丁氏便细心抚养调教，视为亲生儿子看待。时间长了，幼小的盼盼儿也将丁氏忘掉了，认为何氏是他的生身母。

　　杨成章稍大，何氏便送他进学堂读书。何氏也严加管教，认真辅导。

　　有一次，杨成章从私塾馆放学回家，何氏叫杨成章到跟前来，将当天老师刚教读的《大学》新篇章段背诵给她听。杨成章竟像吃涩李子一样，结结巴巴地背诵不出来。

何氏叮嘱杨成章说："盼盼儿，这《大学》是《四书》的重要篇目，专论述修身、齐家、治国、平天下的道理，是科举的常考题目，也是你如何做人的必修课。你不但要熟读，背诵如流水，还要认真听老师讲解，融会贯通才行呀！你马上读，吃晚饭前，你重背诵给我听，要流畅地背诵。"

谁知，杨成章口头答应读书，等大妈转身走了，他也丢下书本玩耍去了。

太阳落山时，何氏来书房，叫杨成章背诵书时，不见人影，才喊丫环到田野去把杨成章找回来。何氏看见杨成章肩扛钓竿，手提几只挣扎动弹的青蛙，逍遥自在的样子，脸都气青了。

何氏声色俱厉地命令杨成章跪在父亲杨泰的画像前，何氏举起竹鞭，向杨成章身上抽打，没抽打几鞭子，何氏自己也泣不成声了。

杨成章才醒悟地哭着说："妈，儿从今以后再不贪玩偷懒了！一定努力读书，听妈妈的教训。"

何氏见杨成章悔悟了，叫他起来，对他说："古话说'欲昌后事须为善，要振家声在读书，'少壮不努力，老大徒伤悲'呀！确实是'枯木逢春犹再发，人无两度再少年'啊！这些话，你要记在心头……"

杨成章在嫡母教育培养下勤奋读书，茁壮成长，18岁就考中秀才。不久又与姜氏结了婚，算是双喜临门。

杨成章婚后在家继续攻读诗书，研讨经文，打算来年参加乡试考举人。这一想法，杨成章可谓成竹在胸，一心想一级一级青云直上，步入仕途，实现父亲临终前的希望。

万万没有料到，母亲何氏患病卧床不起。尽管杨成章求名医诊脉服药，仍不见好转，病势日趋恶化，已病入膏肓了。杨成章夫妻一直煎汤熬药，伺候守护。

何氏临终前，将杨成章喊至床榻前，有气无力地对他说："成章儿呀！看来妈的病是医不好了，快要去阴曹地府和你爹团聚了。而今，有件事，不得不……给……给你讲了。你、你不是妈、我亲生……的。你是你爹讨、讨的姜，丁氏所、所生……的。你才4岁那年，你爹得……得病……死了，你外公就、就把你亲生妈丁氏……接回娘家、去、去了。临分别时，把这半边当十钱交、交给我……保存，另一半边铜钱就在你亲妈手、手里。等你长、长大了……要去找她、她的话……就以这半边铜钱为凭据。两个半边当十钱合……合……拢……就……算……找……着……"何氏的话没说完，就断气了。

杨成章隆重祭奠，厚葬了嫡母何氏，守孝七七四十九天才脱下孝冠孝服。

杨孝章自从知道了生身母被外公接回娘家的事后，就无心思去攻读诗书，钻研经文，准备赴省城乡试了。他一心要寻找生身母亲。

丁氏被接回娘家后，杨家与丁家亲戚关系的路也随之断了，互不来往了。外公、外婆何等样人，是否健在，杨成章一概不知晓。

现在，杨成章为寻找生身母的下落，才又备办礼品，边走边问路，初登丁家外公、外婆和舅父、舅母的门槛。

杨成章费了好多周折才找着丁家，丁家全是陌生的面孔。他说明自己的身份与来意，才知道外公、外婆早已去世，只有舅父母与表兄弟在。

舅父说："你妈回来没几个月，经媒人撮合，嫁到浙江省东阳一个姓郭的退伍军官家去了。一去就没回来过。"

杨成章下定了寻找生身母的决心，任何艰难险阻也挡不住他。他从舅父口中大体知道了母亲的去向，返回家里向妻子讲清楚，立即准备盘缠、行囊，即日动身启程。

夫妻俩洒泪告别，杨成章背着包袱撑把伞走了——向浙江方向去了。

杨成章家居湖南与广西交界处的道州，必须横穿湖南省，跨越江西省，渡过鄱阳湖，才挨近浙江省。而东阳又在浙江省的中心地带。他从西方到东方，河隔几十条，山隔几百重，路隔几千里。

在六百多年前的明朝时候，交通极不方便。不要说飞机、火车、轮船、汽车，因为没有平坦大路，就连马拉车都行不通。有钱时可骑马、乘轿，也只是短路程。除此而外，就只有靠两只脚，一步三尺，一步三尺地量呀！

杨成章一人身背包袱，早行夜宿，逢山越岭，遇水渡河。从道州动身，过永州，经衡阳，不知走了好多天才抵达湘潭城。

　　湘潭城位于湘江与涓水等支流汇合处，水陆码头热闹，市井繁华，红男绿女，熙来攘去。杨成章进城已是掌灯时刻了。他打算在此歇一脚，休息一天再赶路。

　　翌日，杨成章将包袱寄放在栈房柜台上，盘缠银子也交柜台保管，随身带少量银钱，出街闲逛。

　　第二天，天刚亮，杨成章就起床梳洗，吃早点，将包袱内装钱的半椭圆形的布兜儿拴在腰间。这天他打算登山游览观风景，身上只穿两件一长一短的单衣，收拾齐备，仍将包袱寄存在客栈柜台上，就出发了。

　　不想半路遇到歹徒抢钱，杨成章在与歹徒拉扯钱袋时，银子、铜钱撒落一地，遍地乱滚……

　　幸好遇到一位侠士救了他，杨成章才镇静下来，慢慢走拢来，蹲下捡撒落在地上的银子铜钱……

　　那个大汉，弯腰只拾起掉在地上的那半边当十钱，拿在手上，翻来覆去细看一会儿后，又连忙放下肩臂上的包袱，解开包袱，从中取出另一片当十钱在手，依裂口，两片当十钱相合拢，惊呼："合拢了！"大汉的这些细节动作、表情，杨成章没注意观察。

　　"请问这位大哥，你是不是叫杨成章，小名盼盼儿？"那大汉问杨成章。

　　杨成章惊诧地反问："先生，我与你素不相识，你怎么知道我叫杨成章，小名盼盼儿呢？"

　　"你看，两片当十钱合拢了。"大汉说，"这一片半边当十钱是你自己的话，你就是湖南省道州杨泰之子杨成章了。"

　　杨成章听大汉说得真真切切，也伸手拿过那两片半边当十钱，相合，不差丝毫，也惊喜地说："你，你姓郭，你母亲姓丁，家住浙江省东阳，是吗？"

　　"是呀，哥哥，小弟叫郭珉，万没想到，今天会碰上你呀！"郭珉上前拉住杨成章的手说。杨成章热泪盈眶地说："我就是杨成章，二弟，我妈的身体还好吗？"

　　郭珉笑着回答："他们两老的身体都不错，这次，就是爹和妈叫我来湖南看望你们呢？万没料到，今天在这庐山碰上了，菩萨保佑呀！"

次日，弟兄二人相伴往浙江省东阳去，会见失散十六七年的母亲与从未见过面的继父。他恨不得插上双翅，立刻飞到东阳，站在爹妈跟前，诉说衷肠呀！

"岂无远道思亲泪，不及高堂念子心。"杨成章兄弟二人渡过鄱阳湖，又走了几天陆路，才到达东阳的郭珉家。

杨成章与失散分离十六七年的生母重逢，又悲又喜。悲的是命运多舛，妻丧夫，子丧父，各散一方；喜的是，山河遥阻，音信全无，恰弟兄邂逅相遇，方能母子重逢。杨成章也拜见了继父郭武元，这可算杨成章的另一个家。

晚上，一家人乐融融地吃团圆饭，各叙分别后遭遇，悲欢离合，细诉衷情。

事后，杨成章劝母亲丁氏同他一道回湖南道州老家去。可是丁氏以"泼水难收"为由，坚持不回杨家了，并且她也不能丢下相依为命十六七年的郭武元孤身一人不管，良心何在呢？

杨成章深思熟虑，最后决定先回湖南道县老家，将田园、房舍、家产全部典卖了，与妻子姜氏携带银两来浙江省东阳，重新修建房舍，购置家具，与郭珉两家合为一家，共同孝敬生身母和继父，使之两全其美。

杨成章夫妻与郭家团聚后，除了孝敬生身母丁氏外，还购买些中药为继父郭武元医治旧伤痛。一家人和和气气，享受天伦之乐。

后来明王朝皇帝知道了杨成章的孝行，下诏书，召杨成章入朝，破格授予杨成章国子监学录之官，任命郭珉为宫中护卫，钦赐花红羊酒给杨成章一家，以资嘉奖。

◎故事感悟

　　杨成章费尽苦心，千里迢迢，长途跋涉，找到了离别十六七年的生母。为顺从母亲意愿，宁肯典卖老家田园、房舍，同妻子一道搬迁到浙江东阳去与郭氏合为一家，重建家园，再振家声，共同孝敬母亲与继父，这是多么可贵的品质呀！

◎史海撷英

江南民变

明朝明神宗朱翊钧在位期间，为了使皇室收入更加丰盈，便极力榨取百姓的血汗。从1596年开始，明神宗便派遣宦官到手工业和商业发达的大镇做"税监"、"矿监"，搜括民脂民膏。税监在重要城镇和水陆交通线上都设立了重重关卡，拦截商人强行征税。所以，在当时的长江航线上可谓关卡林立，以至行船一日，就要缴纳五六次的税。就连老百姓的车船房屋、牲畜粮食等等，也统统都要缴税。矿监更加霸道，经常污蔑某个人家的房屋下有矿藏、祖坟下有矿藏，要开发，被诬人家为了息事宁人，就只好请客送礼，磕头求情，免得被拆了房屋或被掘了祖坟。税监、矿监的这些疯狂暴行，最终引发了人民的强烈反抗。

1601年，明神宗又派税监孙隆前往苏州收税。孙隆到了苏州后，广设税卡，滥收商税，对丝织手工业的机户也要加征税收，"每机一张，税银三钱"。机户无奈只好关门，一些依靠工资生活的织工也随之失业。这件事让百姓更加愤怒，于是，忍无可忍的百姓2000多人，在织工葛贤的带领下，走上街头，包围了税署，打死了为虎作伥的税吏，孙隆被吓得也逃到了杭州避难。

同年，武昌的万余百姓还包围了税监陈奉的住所，将陈奉手下的六名帮凶抛入了长江，并放火焚烧了包庇陈奉的巡抚衙门，明神宗被迫召回陈奉。

最为激烈的斗争发生在云南。当时，被生活剥削压迫的云南百姓在贺世勋的带领下，举行了声势浩大的游行暴动，焚烧了税场和税监杨荣的住宅，并将杨荣投入大火中活活烧死。

在明朝中期，江南等地已经出现了资本主义萌芽，所以江南地区百姓反税监、反矿监的斗争都带有一定的市民斗争的性质，历史上称之为"江南民变"。

◎文苑拾萃

倭 寇

　　倭寇通常是指 13 至 16 世纪期间活跃在朝鲜半岛及中国沿岸的海盗。在倭寇最为强盛的时候，他们的活动范围曾远至东亚各地，甚至到达过内陆地区。

　　倭寇的组成并不是只有日本海盗，只是因为这些海盗最早都来自日本（当时日本别称为倭国），因此就被统称为"倭寇"了。到了后期，由于日本国内政治形势的变化，加上日本幕府的管制，日本人出海抢掠船只的事件开始逐渐减少。取而代之的，是来自东南亚和朝鲜等地的海商与海盗。由于他们都依照过去倭寇抢掠的方式继续在东海为虎作伥，故而也被归于倭寇之列。

缪印堂与他的父母

◎子女们的决定既然是自己选择的，就不要后悔。——缪印堂

缪印堂（1935—），著名漫画家，被人们称为"科普漫画第一人"。缪印堂曾先后在《漫画》杂志、中国美术馆、文化部文艺研究院及中国科普研究所工作，是中国美协漫画艺委会委员，现为中国美术家协会漫画艺术委员会副主任、《漫画月刊》高级顾问、《漫画大王》顾问、北京电影学院动画学院客座教授、河南大学客座教授、全国先进科普工作者。

　　著名的漫画大师缪印堂先生的漫画作品曾在十多个国家展出过，他的科技漫画也曾多次在国外获奖。此外，他还著书立说，被作为世界名人而列入《国际传记词典》。几十年来，在漫画世界里，缪印堂先生以醉心的兴趣和创新的精神打造着自己的那一份其乐无穷的事业。他经常对人说："是母亲的支持，成就了我这份其乐无穷的事业。"

　　缪印堂的父母都是做生意的，他们懂得一个最朴实的教育道理，那就是不能让孩子学坏，一旦学坏就难管教了。

　　尤其是缪印堂的母亲，性情开朗乐观，对儿子教育有方。无论白天多么劳累，到晚上也都要与缪印堂坐在一起说说话，讲一些健康的笑话、俚语、谚语等；或讲一些幽默诙谐的故事和一些街头巷尾发生的逸闻趣事。少不更事的缪印堂就是在母亲给予的这种充满快乐的气氛中逐渐增长了快乐和智慧，而且还懂得了故事中所包含的很多做人道理。而这些，对他的漫画的选取素

材和创作都有着很大的帮助。

缪印堂的母亲希望用这种方式让孩子学会明辨是非。她认为，这种教育方式要比说教打骂更有用。她"要提前给孩子打预防针"，不希望孩子身上有什么劣迹后再去管教他，那样就为时已晚了。

所以，缪印堂的母亲不论多忙，都密切地关注着孩子。有一段时间，她发现缪印堂每天放学回来都很晚，就开始悄悄地观察他。原来，儿子是在他们家门口的小书摊上看书。

看见儿子沉醉在小画书中的样子，母亲不但不因为他晚回家而生气，反倒感到高兴。她认为，爱看书的孩子是不会学坏的，从此以后，母亲就特意多给一点零花钱让他租书看。得到了母亲的支持，缪印堂更觉得那个小书摊是他童年最快乐的天堂了。

小画书中，那刀光剑影、千姿百态的人物造型令缪印堂百看不厌，由此他也喜欢上了搜集那些花花绿绿的糖纸和各种造型的火花。更让他醉心的，是香烟盒里印有《水浒传》一百零八将的小卡片，还有《红楼梦》、《西游记》里的人物画像。

后来，缪印堂又喜欢上了搜集漫画。就这样，他搜集着快乐，也搜集着浓郁的兴趣。母亲虽然不明白孩子搜集这些到底有什么用，但知道孩子很快乐，而这又都是正当的爱好。既然是正当的爱好，那就支持。有时，母亲还要帮他积攒一些，并经常拿出来与他一块欣赏。虽然母亲不懂应该如何开发孩子的兴趣，但她却很好地保护了孩子的兴趣和爱好，这使缪印堂受益一生。

要是有人问缪印堂，他漫画创作时触动灵感的秘密武器是什么，他会自豪地说："小本本随身带。"

的确，缪印堂喜欢用眼观察世界，喜欢动脑思考和动手记录，而这种良好习惯的养成，也是与母亲对他的支持分不开的。

母亲看到缪印堂经常将自己搜集来的画片贴在小本上，并在旁边空白处配上自己的插图，就毫不吝啬地给他买笔买纸买本子。对于漂亮的小本本，缪印堂总是爱不释手，他觉得除了贴画，还应写点什么，于是缪印堂就开始动笔了。缪印堂平时喜欢观察人在喜怒哀乐时的表情，也爱琢磨人们的心理活动，然后把人们的心理活动通过他们的表情勾勒在自己心爱的小本本上。这种习惯一直延续至今。

缪印堂的小本本已有十几本了，上面都是自己瞬间的火花碰撞：有家长里短的连珠妙语，有搜集的形象或文字材料，或寥寥几笔的勾勒，或寥寥数语的记录。缪印堂把这些都比做"白薯"，他还将对这些素材的加工过程看成是"烤白薯"。他说，只有将这些"白薯"精心烤至一定的火候，那诱人的香味才会弥漫开来……

在读初三的时候，缪印堂因病休学在家，于是，他以前搜集来的糖纸、火花、卡片、漫画等等就有了用武之地。它们不但可供缪印堂欣赏，而且还能供他模仿，画上有什么他就画什么。"啊，画得跟真的一样！"在母亲的赞扬声中，缪印堂似乎觉得病痛都减轻了很多，而且是越画越上瘾。

就这样，一直到治好了病，缪印堂把各类人物的神态、表情都描摹得惟妙惟肖了。

有一次，缪印堂在一本《时事画刊》上看到有一个栏目叫"群众习作"，上面专门刊登一些工人、解放军、学生的漫画作品。这给了他极大的诱惑。

于是，缪印堂开动脑筋，创作了三幅画，寄给了报社。没想到一投即中，漫画作品很快就刊登出来了，缪印堂的创作激情也燃烧起来，从此一发而不可收。

1953年，缪印堂面临着人生的两个选择，一是报考大学，这对重点中学毕业的他来说不在话下；另一个就是去北京的新华日报社做漫画编辑。眼中只有漫画的他一想到大学里没有漫画专业，就毅然决定跟着自己的感觉走，选择去做编辑。

母亲虽然也希望儿子上大学，然后找一个好的职业，可看到儿子对漫画的兴趣是那么浓厚，明理的母亲也只好把自己的意愿深藏心底。因为她明白一个浅显的道理，那就是：一件事，只有喜欢，才能做得持久；做得持久了，才能做出成就。

事实上，这句话也在缪印堂身上得到了验证。面对儿子的选择，母亲只是送给儿子一句话："既然是你自己选择的，就不要后悔。"

于是，一个背着简单行囊的年轻人坚定而快乐地只身北上。缪印堂也因此走上了漫画艺术的漫漫征途，而且从来没有后悔过。

从自己的成长经历中，缪先生有一种体会。他说，漫画既可以给人带来快乐，也能带来智慧。他希望孩子们能够走近漫画，学会如何进行创造性思维，长大后，无论干什么，都能去创造性地工作。

◎故事感悟

后辈的成长与母亲的培育是分不开的，缪印堂的成功也印证了母亲对他的关爱和指导是正确的。

◎史海撷英

缪印堂作品获奖

自从20世纪80年代起，缪印堂就将自己的大部分精力投入到科学漫画的探索中，创作了《啊，危险》、《讲经》、《矛盾的统一》等很多作品。其中，他的作品《四大发明的反思》获得了第七届全国美展银奖。

缪印堂的作品还多次在国内外获奖，曾获中国漫画最高奖"金猴奖"、全国美展银奖、国际高血压联盟（WHL）美展的金奖，并四次获《读卖新闻》的国际漫画大赛优秀奖及佳作奖。其著作有《缪印堂漫画选》、《漫画艺术入门》、《科学漫画创作概论》、《世界幽默画赏析大观》和《儿童益智漫画》等。

◎文苑拾萃

漫 画

　　漫画是一种艺术形式，是用简单而夸张的手法来描绘生活或时事的图画。

　　通常来说，漫画要运用变形、比拟、象征、暗示、影射的方法，构成幽默诙谐的画面或画面组，以取得讽刺或歌颂的效果。所以说，漫画是一种具有强烈的讽刺性或幽默感的绘画，经常需要采用夸张、比喻、象征等手法，讽刺、批评或歌颂某些人和事，具有较强的社会性。

　　当然，漫画也有纯为娱乐的作品，而且娱乐性质的作品往往存在搞笑型和人物创造型（设计一个虚拟的世界与规则）两种。

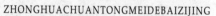

ZHONGHUACHUANTONGMEIDEBAIZIJING

中华传统美德百字经

慈·母慈子壮

第三篇

母爱如水

有一种谎言最悲情

◎母苦儿未见，儿劳母不安。——《劝孝歌》

  由中央电视台举办的"感动中国年度人物"评选活动，是一个在全国范围内颇有影响的活动。历年来，由他们评出的一个个真实的人和事，以及他们背后所包含的精神，曾经令整个中国为之感动。能够当选，无疑是一个人一生中莫大的荣誉，然而，在2004年度的评选中，由读者推荐的一对重庆夫妇却拒绝参加评选！

  1994年9月11日，下着小雨，重庆市钟表公司的职工李绍碧一下班就急急忙忙往家赶。这天是她与丈夫侯天锡结婚12周年的纪念日，她想早点儿回家为丈夫烧几个好菜，准备好好地庆祝一番。

  当李绍碧走到石桥铺成渝高速路入口的人行天桥上时，看见一群人正在围着一个竹篮议论纷纷。出于好奇，她也挤了过去。结果进去一看，发现竹篮里放着一个用尿布包裹起来的女婴。婴儿全身都长满了脓疮，散发出阵阵的臭味。说来也怪，正当李绍碧准备转身离开时，刚才还安安静静的女婴忽然张开双臂，伸向李绍碧，并大声地哭喊起来。李绍碧一下子就动了恻隐之心，当即叫了一辆出租车，把这个可怜的女婴抱回了家。

  回到家，李绍碧打来热水，给孩子洗了个澡。李绍碧发现，这个女婴又瘦又小，随身物品除了两件烂衣服外，还有一张烟盒纸，上面写着孩子的出生日期：1994年8月27日。

  婴儿被清洗后，仍旧哭闹个不停，李绍碧夫妇隐隐有一种预感：这个弃婴多半是个病婴。善良的夫妻俩决定，先给这个孩子治好病，然后再将她送到福利院去。

夫妇俩顾不上庆祝结婚纪念日，抱着女婴坐车到了重庆市中医院。当得知孩子的来历后，一位老专家叹了口气，说："这孩子如果没人全心全意照顾，只有死路一条。"

他的话让李绍碧夫妻俩的心为之一动。看着怀里女婴充满稚气的小脸，李绍碧和丈夫都心酸地流下了眼泪。这孩子出生才十几天呀，难道就这样眼睁睁地看着她夭折！

最终，尽管有亲生的11岁的儿子，这对善良的夫妻仍决定收留这个孩子。因为捡到孩子那天下着小雨，侯天锡便给女婴取了一个很美的名字：侯思雨。

小思雨在李绍碧夫妻俩的精心呵护下渐渐长大。她长得白白净净，性格活泼可爱，李绍碧夫妻俩都把她视为掌上明珠。

然而，随着女儿一天天长大，李绍碧夫妻俩又多了一个心病。原来，当他们拿着身份证、户口簿和申请领养孩子的证明到有关部门办理手续时，出乎意料的是，任何一个部门都不给他们办理。眼看着孩子就要上幼儿园了，夫妻俩都非常着急。

一天，侯天锡在一本法律书上看到：有子女的夫妻因感情不和离婚后，没有监护子女的一方若再婚可以生育一个孩子。于是，一个大胆的念头出现在他脑海里：如果自己跟妻子假离婚，那么孩子的户口问题不就解决了！

当他不假思索地将这个想法告诉李绍碧后，李绍碧却坚决不同意，她的第一个反应就是："你是不是在外面有了新欢，想抛弃我？"侯天锡这才意识到，虽然是假离婚，但对一个女人来说还是无法接受。

一晃两个月过去了，夫妇俩还是没想出别的办法。为了给女儿一个合法的身份，李绍碧最终同意了丈夫提出的这个无奈的提议。1995年11月5日，夫妻两人怀着复杂的心情，在那张被李绍碧的泪水浸润过的离婚协议上签

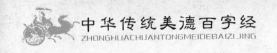
了字。

历经千辛万苦，小思雨的户口问题最终得以解决。而这时，李绍碧夫妇为收养思雨准备的各种申请材料摞起来足足都有一尺厚了，其间的花费也超过了万元。

然而，就连这种微不足道的幸福也没能维持多久，厄运再次降临到了这个多灾多难的家庭。

2004年3月25日，李绍碧和思雨看完电视后早早地上床休息了。大约11点钟，侯天锡忽然听到妻子在女儿的房间里大声叫道："天锡，你快来呀！"

侯天锡以为有小偷，他操起一把斧头就冲了过去。然而，眼前的情景吓得他差点儿昏过去，只见女儿四肢像被电击似的颤抖不止，而且牙关紧咬，口吐白沫，全身僵硬。

侯天锡知道，这是癫痫发作。如果不及时抢救，女儿会有生命危险。他叫妻子赶快拨打120，自己则跑到楼上敲开邻居的门，恳求邻居用私家车送女儿到医院。车子一路奔驰，以最快的速度把思雨送到重庆儿童医院。后来医生说，幸亏来得及时，如果再迟来两分钟，人就没救了。

住院15天后，思雨就吵着要出院。懂事的她知道，家里根本没钱为她付住院费。然而，主治医生却告诉李绍碧，思雨患的是一种顽固性的癫痫病，其脑部多根神经受到损伤，病情十分严重，要根治几乎是不可能的。医生还不无痛心地说："这种病需要长期服用镇静剂，但这样一来，病人的大脑神经会因此受到损伤，智力水平会下降，身体发育也会滞缓，甚至有可能出现全身皮肤溃烂而死亡。"

李绍碧闻之潸然泪下，她不敢想象思雨以后会变成什么样子，更不敢想象，思雨还能坚持多久！

遵照医生嘱咐，思雨每天要服用三种药物，一天三次，这样下来，每月的药费就高达900多元。为了降低药物的副作用，她还必须经常补充高蛋白营养。因此，李绍碧隔三差五就要买乳鸽、天麻和人参给思雨补充营养。这一切对这个本来就一贫如洗的家庭来说，更是雪上加霜。

看到女儿的病慢慢得到了控制，李绍碧就对丈夫侯天锡说："我还是要去打工，挣一点算一点，不然，女儿哪一天停药了，我们就只有眼睁睁地看着她死去。"

2004年5月，李绍碧拖着病弱的身体，又来到黄花园劳动力市场找工作。好不容易才找到了一份给新装修房除胶的工作，每平方米1.5元。

打工的第一天，她拼尽全力，乐呵呵地挣了30元。回到家后，她才发觉双腿因长时间跪在地上而疼得抬不起来。第二天，她又说服自己去上班，因为这30元钱是思雨一天的药钱啊！然而，李绍碧太虚弱了，在上班后的第五天，她终于倒在了地板上。

侯天锡带妻子到医院做了检查，发现妻子居然患上了急性肾炎！钱没有挣到，还倒贴了3000多元医药费，李绍碧倒在病床上痛哭流涕。

这时候，侯天锡告诉李绍碧一个更不幸的消息：思雨由于大剂量服用镇静剂，其副作用已经开始慢慢显现了——她的身体渐渐发胖，目光也变得呆滞，智力和反应力明显下降，就连乘法现在都不会做了，弹琴也只能弹最简单的曲子。

李绍碧伤心欲绝。侯天锡痛心地说："如果哪家医院免费收治我们思雨，我愿给他们打一辈子工！"

丈夫的话震动了李绍碧，她对丈夫说："天锡，你可不能有半点闪失呀，你垮了，谁来照顾我们的女儿？我已是病残之身，只要能为女儿挣钱，我什么也顾不得了。你明天就到大医院去登个记，说我要卖掉自己的眼角膜，来给思雨治病！"

2004年12月5日深夜，思雨患的癫痫病又发作了。这次，思雨昏迷了整整五天，梦中的她不断重复着一句话："我不是爸爸妈妈生的，我不是爸爸妈妈生的……"侯天锡听到女儿的喊声才发现，原来思雨对自己的身世已产生了怀疑。

为了让思雨对自己的身世不怀疑，安心养病，夫妻俩又商量了一个法子。等思雨醒来后，他们神秘地告诉了她一个"秘密"："爸爸妈妈生了哥哥后还想要个妹妹，就学超生游击队，把你生下来了。但在外面，只能说你是捡的，不然爸爸妈妈会丢工作。"

小思雨信了。她向爸爸妈妈保证："别人再说我是捡的，我不还嘴，我要为爸爸妈妈保守秘密。"看着女儿稚气的眼神，李绍碧夫妻忍不住流下了伤心的泪水……

李绍碧夫妻为养女离婚六年，如今为她治病倾家荡产的感人事迹在山城重庆传开了。

经过推荐，夫妇二人被推选为中央电视台"2004年感动中国年度人物"的候选人，但他们却拒绝参加评选，原因就是他们想保住养女身世的秘密，让女儿能够安心治病。这个秘密已经延续了10年，他们知道秘密最终会公开，但是在女儿没有长大之前，他们希望将秘密保守住。

后来，侯天锡为了给女儿治病，又将自家的房子卖掉了，一家人挤住在一间窄小的房子里，负债6万余元。

虽然思雨的病还没有好转的迹象，但李绍碧夫妇并不灰心，他们说："女儿聪明懂事，我们一点儿也不后悔捡了她。生活的艰辛与思雨带给我们家的快乐相比，太微不足道了。我们一定会对她负责到底！"

◎故事感悟

父母之爱是无私的，每个人都曾得到过这种爱的滋养，并且久久不能忘记。然而，李绍碧夫妻对女儿侯思雨的爱更加崇高，他们的爱已经超越了血缘关系，升华到超出普通情感的、最无私的境界。

◎文苑拾萃

豫章行

（唐）李白

胡风吹代马，北拥鲁阳关。

吴兵照海雪，西讨何时还。

半渡上辽津，黄云惨无颜。

老母与子别，呼天野草间。

白马绕旌旗，悲鸣相追攀。

白杨秋月苦，早落豫章山。

本为休明人，斩虏素不闲。

岂惜战斗死，为君扫凶顽。

精感石没羽，岂云惮险艰。

楼船若鲸飞，波荡落星湾。

此曲不可奏，三军鬓成斑。

只要明天的太阳还会升起

◎老母一百岁，常念八十儿。——《劝孝歌》

她叫赵家娴，丈夫是修车厂的工人。

1984年，随着儿子小雨的出生，赵家娴的家里充满了希望和欢乐。可是，就在小雨周岁时，赵家娴突然生病了，鼻子经常出血。刚开始，赵家娴买些清热解毒的药自己"治"，结果吃了一多月的药也没见好。有一次竟然还出血不止。这时，她才觉得不对劲，便瞒着丈夫到医院做了检查。

切片病检结果出来后，医生表情凝重地说："你要承受住啊！你患的是鼻咽大圆细胞癌！"

听了医生的话，虽然早有心理准备，但赵家娴还是忍不住泪涌眼眶：自己才27岁，还那么年轻，可爱的儿子还那么小，美好的生活才刚刚开始啊！

回到家里，赵家娴忍不住一把抱住儿子，眼泪不停地流："小雨啊！你爱不爱妈妈？"

小雨不知道妈妈为什么这么伤心，他用小手替妈妈擦去眼泪："妈妈不哭，小雨最爱妈妈了！"

赵家娴的眼泪像断了线的珠子："如果有一天妈妈离开你了，你会想妈妈吗？"

小雨一听，吓得哭了起来："妈妈不要离开小雨！小雨要妈妈！"赵家娴看着怀抱中的幼子，心中出现一个念头：为了亲爱的儿子，我一定要坚强，一定要活下去！

漫长的放疗开始了。赵家娴每天都要接受痛苦的治疗，并和丈夫、亲友约好，不能让小雨知道她得了绝症，哪怕能多活一天，也绝不能让儿子在担惊受怕中度过！根据治疗需要，她一周甚至更长时间才能见儿子一次，每次见到儿子，她都努力给儿子一个快乐、健康的母亲形象。

　　赵家娴说，家里墙上的每一张照片都有名字：第一张叫"我的全家福"。那是在赵家娴查出癌症的第二天，她哭了一夜后红着眼睛将丈夫和小雨哄到照相馆，拍下的。三口之家看起来幸福无比。第二张叫"妈妈不要我"。在赵家娴放疗期间，小雨东家几天西家几天地"流浪"了一年多，当赵家娴去邻居家接小雨时，小雨不高兴地一扭头，旁边的邻居抓拍了扭头的瞬间。第三张叫"我有妈妈了"。这张是小雨3岁时，赵家娴的病情已基本稳定，经常带着小雨四处玩耍。重新有了妈妈，小雨见人就夸耀"我有妈妈了"，于是，他们在公园里留下第三张照片。

　　小雨上学后，成绩一直很优秀。赵家娴经常对丈夫说："看到儿子，我就什么病也没有了。"她尽最大努力掩饰着病痛，珍惜着和儿子相处的每一天。儿子也很争气，这让常年处于病痛中的赵家娴欣慰不已。

　　中考时，小雨考上了中学的重点班。那一天，赵家娴高兴地搂住儿子，一个劲儿地抚摩着，眼里满是幸福的泪水。

　　就在这时，她突然感到头昏，几乎站不稳，她使劲地搂住儿子的肩。儿子发现了异常，连声问，妈，你怎么了？赵家娴被儿子扶着坐下后，含着泪微笑说："小雨，妈只是太高兴、太激动了呀……"

　　儿子上了中学，家里的负担更重了，赵家娴努力地帮丈夫撑持着这个风雨飘摇的家。

　　2000年，在朋友的帮助下，赵家娴非常"幸运"地得到了一份看电梯的工作，每月工资400元。但她把这400元都存下来作为儿子上学的费用，全家就靠丈夫的工资生活。丈夫有严重的胃病，赵家娴更是三天两头不舒服。为了节约开支，巩固治疗癌症的药物停了，定期到医院的检查也被她省了。为了挣钱贴补家用，她想方设法，不顾身体虚弱送过报纸，做过家政……

　　伴随着儿子小雨一起成长的，总是赵家娴一次又一次的谎言，这无数善意的谎言，给了儿子一个温暖的家、一片晴朗的天。

　　鼻咽癌的显著症状是常常流鼻血，为了不被儿子发现，赵家娴想尽了办法也吃尽了苦头。记得儿子10岁生日那天，赵家娴夫妇给小雨买了身新衣裳，还买了个不大的蛋糕，可把小雨高兴坏了。烛光里，赵家娴搂着儿子轻轻地唱着生日快乐歌。赵家娴开心地跟儿子说："宝贝！快许个愿吧！"快乐的小雨乖乖地闭上眼睛双手合上，虔诚地许愿。

　　正在这时候，赵家娴只觉得鼻腔一热，她知道，自己又要流鼻血了。她怕儿子发现，急忙捂住鼻子。要是往常，她会冲进洗手间，快速清洗，但是此刻，她亲爱的儿子正在许愿啊，她怎么忍心丢下他跑开呢？她急中生智，在儿子吹灭蜡烛的一瞬间，一只手紧紧地捏住鼻子，另一只手快速地拿起一块奶油抹上儿子的脸，口里怪怪的声音喊道："雨儿生日快乐！"小雨愣了一下，随即大笑着，也抓起一把奶油抹向妈妈的脸，让他奇怪的是，妈妈不仅不躲，还捏着鼻子迎上来。

　　"宝贝快吃蛋糕，妈妈去洗脸！"赵家娴急忙向洗手间奔去，她打开水龙头……突然，灯开了，儿子小雨站在门口，狐疑地看着她。

　　这时候赵家娴想掩饰已经来不及了。小雨扑到她怀里，哭着问："妈妈！你怎么啦？"

　　"妈妈没事，妈妈只是脸脏了洗洗……"

　　"不！你骗人！"

　　那一刻小雨还不知道妈妈已经"骗"了他许多年，并且还得继续"骗"下去……

　　在小雨心中，母亲总是那么健康、安详。当妈妈"偶尔"病倒时，小雨就会感到特别不安。

　　小雨上高三的那年冬天，一天，赵家娴做饭时忽然一阵眩晕，专门为儿子炒的一盘鸡蛋摔了一地。听到响声后，正在复习功课的小雨急忙跑过来，看着脸色苍白、呼吸困难的母亲，吓得一声接一声地喊"妈"。

　　在儿子的呼唤下，赵家娴慢慢醒来，她勉强地笑一下："小雨别怕，我没事，过一会儿就好了。"小雨坚持让她去医院检查，为了让儿子安心复习，赵家娴满口答应。

当天下午，赵家娴假装去医院检查身体，回家后，她一脸轻松地说："检查结果出来了，妈身体各方面都很正常。医生说晕倒只是因为休息不好，睡一觉就好了。"小雨听后信以为真。

为了儿子，赵家娴一天天活了下来！有一天，赵家娴在街上碰到了曾为她治疗的大夫，大夫看到她后大惊失色："你，你还活着？"在癌症阴影下，在母爱的激励下，熬过了这么多年的赵家娴开朗地笑着说："我还要活下去呢，我要活到儿子娶媳妇，我还打算抱孙子呢！"

在赵家娴眼中，儿子优秀是她最大的安慰，无论自己再苦再难，只要一看到出息的儿子，苦累就转瞬即逝了。

2001年高考前夕，赵家娴比小雨更紧张，她拖着疲倦的身体给儿子做他最爱吃的饭菜，而她自己则坚持吃咸菜，为了让儿子相信自己不爱吃鸡鸭鱼肉，她曾在吃了一口肉之后，假装呕吐，儿子信以为真。"妈，你真是没有口福啊！你这样的胃口将来怎么跟着我享福呢？"赵家娴淡淡一笑，"小雨啊！妈就等着那一天了，没准那时妈又爱吃肉了呢！"

在儿子面前，赵家娴事事都顺着他，只要儿子的选择是正确的，她都会完全同意。可是，在填报高考志愿时，赵家娴和儿子闹了一次别扭。

小雨想报考外地的大学，出去长长见识。可是这次，赵家娴却没有依着他，她希望小雨报重庆本地的学校，她不知道死神会在什么时候来临，不知道自己的身体能坚持到什么时候，她多想在自己的有生之年多陪陪儿子啊！

尽管如此，赵家娴一直没有把自己的真正理由告诉儿子，小雨怎么能体会妈妈的苦心呢？最后，母子都做了让步，小雨报考了位于成都的四川大学。

在小雨拿到大学通知书那天，赵家娴高兴得像个大孩子一样抱着儿子哭了起来："小雨啊！你是妈的好儿子！好儿子啊！"

小雨激动地说："妈，我知道你和爸供我上学不容易，到了学校，我要好好学，给你们争气！"

有这样的好儿子，赵家娴还能说什么呢？她拉着儿子的手说："小雨啊！妈说句话你一定要记住，人这一辈子说不定会遇到什么难事，以后，你也会遇到的，你一定要做一个勇敢的人啊！"

儿子从大学里传来的一个个好消息，成了赵家娴抵抗病魔的支柱，也坚定了她继续隐瞒下去的决心。但是当2002年医生的检查结果出来后，死亡的阴云再次笼罩了这个家庭。

2002年，赵家娴忽然双耳失聪，不得已到医院检查，医生怀疑她原有的癌症复发转移到颅底，或者放射治疗留下了后遗症，建议她住院治疗检查，否则后果不堪设想。

最终，心疼妻子的丈夫瞒着赵家娴把隐瞒了18年的秘密写信告诉了儿子。儿子小雨哭着写了回信："爸、妈你们好！读了来信，我一直在流泪……儿子这里给妈跪下了，为了妈这些年受过的罪，为了妈对我的无私付出，更为了这份伟大的母爱……爸妈要保重身体，我会照顾好自己，会和你们一起承担生活的重担。请爸妈放心。"

根据家里的实际情况，成绩优异的小雨向学校提出申请，要求加入国防生，这样，只要遵守定向协议毕业后到指定单位工作，每年就可享受部队数千元的学费补贴，能让父母过得好一些。

大学毕业后，小雨又考上了研究生，他写信安慰父母说："我按照妈的愿望考上了研究生，我知道妈对我的希望，我会成为妈心中有出息的儿子……我现在每月有定向补助，研究生入学的钱可以申请缓交，请爸妈多保重身体，不要过于操劳。困难是暂时的……"

有了这样优秀的儿子，赵家娴的每一个苦日子都艰难而"甜蜜"，所以，赵家的窘境很少有人知道。少数知道内情的好心人曾经想帮助他们，但是赵家娴和丈夫的态度惊人地一致："不需要，不需要。我们的困难自己能克服……"

◎故事感悟

生命是宝贵的，但母爱更加伟大，赵家娴把儿子培养成才的同时，也战胜了自己，击败了病魔。赵家娴的行为让我们感到深深的震撼，让我们体会到了母爱的伟大！

◎ 文苑拾萃

慈乌夜啼

（唐）白居易

慈乌失其母，哑哑吐哀音。

昼夜不飞去，经年守故林。

夜夜夜半啼，闻者为沾襟。

声中如告诉，未尽反哺心。

百鸟岂无母，尔独哀怨深。

应是母慈重，使尔悲不任。

昔有吴起者，母殁丧不临。

嗟哉斯徒辈，其心不如禽。

慈乌复慈乌，乌中之曾参。

聋女听到母爱的声音

◎世界上无论什么名誉，什么地位，什么幸福，什么尊荣，都比不
上待在母亲身旁，即使她一个字也不识，即使整天吃"红的"（高
粱饼子）。——季羡林

2003年4月20日，在山东省济南市举行的2003年"环球小姐"大赛中国赛区总决赛上，山东省青岛市中心聋校年仅18岁的高二学生姜馨田以总分第六名的成绩夺得"中国十佳小姐"荣誉称号，并获得"最佳媒体关注奖"和组委会为她特设的"特别荣誉奖"，成为该项赛事52年来首位参赛并获得如此优异成绩的聋哑选手。

漂亮的姜馨田并非先天失聪，她出生3个月时，因治疗肺炎使用抗生素剂量过大导致双耳失聪。在与残酷命运的抗争中，母亲的殷殷爱意和姜馨田自身的不懈努力使她焕发出了灿烂光辉。

1981年，赵琳从山东省青岛师范学校毕业后，分配到青岛市唐山路小学任教。1983年，她和青岛市农药厂的姜国友幸福地步入了婚姻的殿堂。第二年8月，他们的爱情结晶——女儿姜馨田出生了。

馨田在3个月大时，有一天，赵琳在给她洗澡后，小馨田不慎患了感冒，经医生诊断为肺炎，一天打两针抗生素。一周后，小馨田病愈出院了。可赵琳万万没有想到，就是这样一次极为平常的治疗，却改变了女儿的一生。

从医院回来后，赵琳发现女儿变得有些"呆"。开始时，赵琳以为是女儿过于专注，渐渐地，她发觉女儿有些不正常。馨田13个月大时，赵琳抱着她来到医院。经诊断，小馨田患的是药物中毒性耳聋，原因就是她10个月前治疗肺炎时使用的抗生素剂量过大。这种病，几乎没有治愈的可能。看着诊断书，赵琳一下子瘫坐在椅子上。

　　那时赵琳和丈夫每月工资加起来才300多元，而给女儿做高压仓一个疗程就要400多元，又几乎没有治愈的可能，但赵琳还是决定给女儿做，她实在不甘心。

　　然而天不遂人愿，经过一个疗程18天的治疗后，小馨田的病依旧没有半点好转的迹象。医生建议赵琳："你现在当务之急的事情是教女儿说话，争取让她聋而不哑。孩子两岁后声带就会逐渐萎缩，你必须从现在开始抓紧时间训练。"听完医生的话，赵琳知道自己必须面对女儿双耳失聪这一残酷事实。那天，她一个人躲在屋子里整整哭了一个晚上。

　　清晨望着窗外渐渐明亮起来的天空，一个坚定的信念像太阳一样在她心头冉冉升起：自己不管付出多少辛苦、多大代价，一定要让女儿像正常人一样生活，甚至比正常人做得更好！她决定先教女儿说话，让女儿能够和别人进行简单交流。这是一个人最基本的生存能力。

　　别看赵琳是一名优秀的小学教师，但教起自己的女儿来还真有些无计可施。那时，对聋儿进行语言训练还没有任何现成经验可供借鉴，一切都要靠赵琳自己摸索。教字母"a"的发音时，女儿虽然能模仿着做出和赵琳一样的口型，但因为声带不会振动，根本发不出声来。不论赵琳怎么着急，女儿就是瞪着无辜的眼睛不知所措地看着她。女儿那么小，她根本就不知道这是在做什么，也不会配合，时间一长就不干了，不停地哭闹。女儿一哭，赵琳也跟着哭，常常是学着学着，母女俩就抱在一起哭成一团。功夫不负有心人。一星期后，小馨田终于能发出短促的"啊"声了。两岁多一点，当小馨田指着赵琳的照片，含混不清地说出"妈——妈——"时，赵琳激动得哭了。

　　除了教女儿说话外，赵琳还着重培养女儿的生活自理能力。馨田3岁时，赵琳就让她拿着自己事先写好的"服务员同志，请您帮我孩子选购××"的纸条独自到离家很近的小卖店购买小的日用品。每次按要求买回来，赵琳都会鼓励女儿说太棒了。小馨田也很高兴，变得更加自信了。

　　1988年，青岛市中心聋校新开了语言训练课程，目的就是让聋儿学会说话，能根据对方的口型、表情等判断出语言内容，从而进行简单地交流。不久后，赵琳把女儿送到了学前班。

有一天，小馨田放学回来，突然用小手指着赵琳清晰地说："妈妈笨蛋！"说完还不停地笑。

赵琳一愣，继而明白这可能是女儿和小朋友之间开玩笑的话，她没往心里去。忽然，她像发现新大陆一样急切地对女儿说："你刚才说什么？再说一遍。"

当小馨田再一次清晰地说出"妈妈笨蛋"时，赵琳禁不住喜极而泣。以前，女儿只会说"花"、"草"这样的单音词或像"爸爸"、"妈妈"这样的叠音词，这次，她竟然清晰而连贯地说出了4个字。虽然只有4个字，但毕竟是一句完整的话啊！那天晚上，小馨田说一句"妈妈笨蛋"，赵琳就说一句"女儿笨蛋"，欢笑声溢满了整个屋子。

在赵琳和丈夫无微不至的关怀和爱护下，小馨田健康快乐地长大了。从小学到中学，她的学习成绩始终保持在整个年级的前五六名，几乎每年都被学校评为三好学生，小馨田渐渐懂得了回报父母、回报社会。

1998年7月，在山东省残疾人文艺会演中，馨田参与表演的小品《路口》荣获二等奖，青岛市残联发给她168元补贴。拿到钱，馨田到药店花25元买了一盒"丹桂香"胃药。赵琳的胃不好，一次她带女儿买胃药时，见"丹桂香"太贵，就换了一种便宜的，没想到这件小事却被懂事的女儿记在心上。

感动之余，赵琳板起脸"训斥"起女儿来："你真能乱花钱，以后买东西要和妈妈商量。"馨田撅起小嘴委屈地说："你就不理解我的心！"

1998年9月，14岁的馨田从青岛市中心聋校的小学部升入初中部。这时，她的身高长到1.67米，体形匀称、容颜秀丽，已经出落成一个亭亭玉立的小美人了。经过选拔，她加入了学校开设的"形体训练"班，很快就喜欢上了"T型台"和舞蹈。

别看模特们在台上仪态万千、风光无限，训练起来却很辛苦。刚穿上鞋跟又细又长的高跟鞋，馨田站都站不稳，更别说走路了。最初一个月是最难熬的。馨田的脚磨出了血泡、茧子，因为几乎每天都要训练，往往是旧伤未好又增新伤，一双脚伤痕累累，但她从不叫一声苦。每天训练完回家，赵琳都要打来热水，仔细地给女儿洗脚、按摩。

在老师的严格要求和细心指导下，馨田进步得很快。无论是在台上的表情、神态，还是对走步时节奏、力度的把握以及对不同服装的理解都恰到好处。她很快从同学中脱颖而出，获得了"校级特长生"荣誉称号。

2002年8月，在母亲和老师的鼓励下，馨田报名参加了第十二届青岛国际啤酒节暨青岛市第五届服装模特儿大赛。

赵琳的本意其实是让女儿通过比赛锻炼自己，增加经验阅历，根本没敢奢望获奖。因为女儿毕竟双耳失聪，又是第一次参加这样大规模的比赛。没想到，馨田很快就进入了比赛状态，凭着扎实的功底和出色表现，一路过关斩将，经过初赛、复赛、半决赛、准决赛和总决赛五轮比赛，最终在500名参赛佳丽中脱颖而出，被评为"青岛市十大美人"。

2003年3月初，享誉全球的三大选美赛事之一，"环球小姐"大赛中国赛区预选赛在全国各地拉开帷幕。馨田主动要求参加，并征求母亲意见。赵琳想，这项赛事，可以说云集了全世界的名媛佳丽，且不说最后的总决赛，就是中国赛区的比赛也是强手如林，但不论结果如何，对女儿都是一次难得的锻炼。她给女儿制定了"不计结果，重在参与"的参赛原则。

当晚，馨田在日记中写道："虽然我双耳失聪，但作为一个'人'，我不认为自己和其他人有什么不同。我和健全人一样生活在同一片蓝天下，我也要不懈努力，勇敢地追求自己的梦想，并积极面对人生的考验。对于这次比赛，我作好了充分的心理准备，如果有幸入围，我会把自己调整到最佳状态，向全世界展现中国女性，尤其是聋哑少女的风采；如果不能获奖，我也会珍惜这一次经历，它会是我人生中一笔不小的财富。"

看完女儿的日记，赵琳放心了。

在这种平和心态下，比赛中馨田充满自信，发挥稳定，在青岛市及山东省赛区选拔赛上都取得了前十佳的优异成绩，顺利杀入在济南举行的中国赛区半决赛。

4月9日，馨田与进入半决赛的选手一起到济南等地拍外景。临行前，馨田没让母亲陪自己一起去，而是充满自信地说："等到决赛时您再来吧。"一到驻地，馨田就主动和其他选手及组委会工作人员打招呼，"推销"自己，很快

就赢得了好人缘。

4月15日，馨田到街上买了一张IC卡，把要和母亲说的话事先写在了纸条上，然后求一位姓曹的服务员给母亲打了电话。

在电话中，赵琳听到的虽然是别人的声音，但感觉和听自己女儿的声音一样。

女儿说："那天，我们到泰山拍外景。在一个大庙里，看着那尊大大的佛像，我不知为什么一下子跪在蒲团上，泪流满面，真想用嗓子大声喊：'佛啊，请你保佑我，让我听到声音吧！'但我最终没有喊，因为我知道，佛并不能真正帮助我什么，一切都要靠自己努力！"

听到这儿，赵琳禁不住泪流满面。

4月17日，赵琳在青岛家里再次接到了女儿从济南打来的电话："妈妈，你快来！"原来，省市选拔赛时，"才艺表演"环节给每位选手的时间是1分30秒，到了半决赛，却突然改成了58秒。馨田必须在保持舞蹈整体风格的前提下压缩乐曲长度，精简舞蹈动作。

18日，赵琳赶到济南时，离半决赛开始已经不足一个小时了。赵琳果断地压缩了乐曲的前半部分，重新设计好了舞台动作，然后对女儿说："你虽然不熟练，但不要慌，到时候妈妈在台下用手语给你做提示。妈妈相信你！"因为台下暗，赵琳特意向组委会申请了聚光灯。

于是，在半决赛的才艺表演环节，人们看到了这样一幕"奇特"景象：馨田出场了，本该聚拢在台上的灯光忽然有一束直射台下，照亮了观众席上一只高高举起的手。乐曲响起，馨田做出的舞蹈造型随台下妈妈手势手形的变化与乐曲配合得恰到好处，天衣无缝。

4月20日晚，"环球小姐"大赛中国赛区总决赛在济南如期举行。台上，馨田的泳装、晚装表演大方得体、高雅动人，舞蹈表演节拍准确、造型优美，直到"才智问答"环节，观众才知道她竟然是一位双耳失聪的残疾人。

馨田抽到的题目是"人的生活质量应该包括哪些内容，为什么？"她立即用笔写了几句话递给主持人。主持人说："我替这位聋哑姑娘向评委作答。对于一个健全人来说，生活质量是丰富多彩的。我作为一名聋哑人，生活中有许多不便，但在人们爱心的帮助下，我的生活处处充满了阳光。感谢大赛给了我这样一个机会，我会用我的方式回报社会，把爱心和美丽洒满人间。"

最终，馨田以总分第六名的好成绩夺得"中国十佳小姐"荣誉称号，并荣获"最受媒体关注奖"和大赛组委会为她特设的"特别荣誉奖"。台下，赵琳禁不住泪雨滂沱。"这种荣誉是空前的。""环球小姐"中国总部总裁高祖权先生说："姜馨田是以自己的自信、美丽、乐观、健康而赢得这一荣誉的。这是大赛52年历史上的第一次，也是中国所有女性的光荣。"

◎故事感悟

正是由于赵琳含辛茹苦的养育和辛勤的培养，才有了女儿馨田今天的成就。馨田的自信、美丽、乐观和健康都是与这位伟大的母亲分不开的！

◎文苑拾萃

思母

（唐）舆恭

霜陨芦花泪湿衣，白头无复倚柴扉。

去年五月黄梅雨，曾典袈裟籴米归。

音乐神童走出生命盲区

◎母爱无所报，人生更何求！——李商隐

1987年，尹爱军和戴德才走进了向往已久的婚姻殿堂。他们都是某汽车制造厂的工人，婚后，夫妻二人非常恩爱。几个月后，尹爱军发现自己怀孕了，夫妇俩欣喜若狂。

1988年5月18日，小戴博出生了。他长得特别可爱，大眼睛又圆又亮，谁见了都想搂着亲上几口。看来，她的胎教很有成效，戴博生来对音乐敏感，只要音乐响起，他的哭声立即止住，专注地倾听，有时还咿咿呀呀地跟着音乐节奏哼哼。

戴博五个月大的时候，尹爱军突然发现儿子有些畏光，见了光就大声哭喊。医生诊断，孩子得了先天性青光眼。尹爱军夫妇无论如何接受不了这个现实，接下来几天，他们疯了似的带着儿子四处奔走，见医院就进。但事实是残酷的，医生的一次次确诊让他们几乎濒临绝望的边缘。

朋友们都劝尹爱军放弃这个孩子算了，但尹爱军下定决心，要把全部的爱心和精力都放在小戴博身上。

尹爱军知道孩子最大的爱好就是音乐。她买来各种磁带给他听，希望他能从音乐中得到慰藉。

她真正发现儿子的音乐天赋是1993年。

有一天，尹爱军去托儿所接儿子，其他孩子早都走了，幼儿园阿姨轻轻对她招手说："你看你儿子在干什么呢？"她循声望去，只见5岁的儿子正坐在风琴前，两条小腿拼命够着踏板，两只小手在琴键上按着，居然磕磕绊绊弹出了一支曲子。阿姨说:"这首歌我在班里弹过几次,但从来没教过戴博,看来你儿子音乐资质很好啊。"

尹爱军心中一动,她买来大量音乐书籍,教孩子入门,还找一些名家名曲的演奏带给他听。就这样,在妈妈的培养下,音乐已经成了小戴博生活中不可缺少的内容。偶尔有一天没听到音乐,小戴博就像有了病一样,一点儿都提不起精神来……

戴博在五个月大的时候,第一次被推进了手术室,接下来的六年中,他竟然先后进行了12次手术。1995年,由于病情恶化,尹爱军又带儿子到北京的医院进行第七次眼部手术。尹爱军听说,打过多麻药会刺激孩子的大脑,儿子眼睛坏了,不能让他脑子也不好使。

可是如果不全麻,儿子能承受那种锥心的疼痛吗?经过思想斗争,她只好"残忍"地劝戴博说:"儿子,麻药打多了会影响大脑,你可不可以不用'全麻'?虽然很疼,但你要战胜它!"懂事的戴博说:"妈妈,我会用精神战胜疼痛!"

在去手术室的电梯前,尹爱军请麻醉师给儿子少打麻药。麻醉师惊讶地说:"别开玩笑,孩子这么小挺不住的,别说孩子,就连大人也挺不住啊!这可是眼睛手术!"她不甘心,坚定地说:"我儿子能挺住。"说完她紧紧地握住儿子的手,小戴博也坚强地说:"叔叔,我能行!"

在尹爱军和戴博的坚持下,麻醉师只给他注射了局部麻醉剂,但由于戴博手术打麻醉剂的次数太多,这点剂量对他已不起作用了。戴博没有要求重新注射麻醉剂,只让护士将自己绑在手术台上,把一块纱布含在嘴里。

但这哪是一个6岁的孩子能承受的痛苦啊!从手术刀第一下落在眼睛上,钻心的疼痛就让戴博汗如雨下。他一声不吭,咬紧嘴里的纱布,接着是第二刀、第三刀……

戴博想起了母亲的话:一定要用精神战胜肉体上的疼痛。为了分散精力,他甚至强迫自己做起了妈妈刚教完的算术题。两个半小时的手术,戴博坚强地挺了过来。

手术完成后,当护士撬开戴博的嘴时,发现纱布已被孩子咬碎了,解开

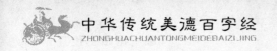

绑在手术台上的布带，孩子的身上是几道深深的渗血勒痕。戴博这时还勉强挤出了一丝笑容，对大夫护士说："我没事儿。"

望着眼前发生的一幕，在场的大夫护士都哭了。当把戴博推出手术室的时候，眼含热泪的护士只对尹爱军说了一句话："你儿子真是个英雄！"

但残酷的命运没有放过小戴博，病情还是不可阻挡地恶化了。

1996年6月12日，正在外面玩耍的戴博眼前突然一黑，右眼的视网膜脱落了，满脸泪水的他一步步爬回六楼家中。就这样，戴博永远失去了他的右眼，左眼视力也只有0.001，8岁的他成了残疾人。

1993年，尹爱军带儿子找到了某艺术学院的王燕茹老师。经测试，戴博听音、唱音异常准确，王燕茹意识到戴博的天赋，告诉尹爱军，戴博在音乐方面会有很大发展前途："除了钢琴，你什么乐器都别买，其他乐器的音质会'毁'了你儿子的耳朵。"

戴家为戴博治病早已花光了所有的积蓄，哪来钱买钢琴呢？夫妻俩东拼西凑了1.2万元钱，才买到一架英国产的金斯伯格钢琴。

这时，尹爱军想方设法找到了长春大学特教学院的陈明大教授。1995年7月1日，戴博正式拜师，陈明大成了戴博的启蒙恩师。当时戴博的眼睛已经看不见东西了，陈教授每教一首新曲，就给他说谱，把戴博的手放在自己手上，让他领悟指法。

初入音乐殿堂的戴博如饥似渴，每天十几个小时苦练钢琴，仅仅经过一年时间，就通过了业余钢琴五级，而普通孩子通过这一级别要花五年时间。在接下来的几年里，戴博多次转投名师，音乐造诣有了很大提高。

1999年，戴博通过了业余钢琴九级的考试，这已是业余钢琴所能达到的最高级别了。更为难得的是，戴博的作曲才华异常突出。戴博刚练琴不久，尹爱军发现他总是弹"奇怪"的曲子，她问孩子怎么回事？戴博回答："这是我自己作的曲子。"

老师听完戴博弹奏自己创作的曲子后，用了三个"很"来表达自己的激动心情："很好，很精彩，很有创意！这么大的孩子能用琴声把自己的感受和想法表达出来，我教音乐四十多年还是头一回碰到。"

　　1997年9月，尹爱军听说某琴行的老板是个优秀的乐手，在作曲方面一定有熟人。她以试琴为名，让戴博弹了一首自己作的曲子，这下引起了琴行老板的注意。作为音乐的行家里手，他居然从没听过这支曲子，不禁好奇地问："你弹的是什么曲子呀？"

　　"是我自己作的。"

　　老板像发现了新大陆，连说了不起，还把他的音乐同行都请来，听戴博演奏。在他的引荐下，戴博拜长影乐团的资深作曲家吴大明为师，学习作曲。

　　戴博学琴时，由于眼睛看不见，只能由妈妈照着曲谱，一个音一个音告诉他，他再弹出来。久而久之，戴博竟练出了"过耳不忘"的惊人记忆力。一首曲子别管多长，只要他弹一遍或听一遍，摸着琴就能弹出来，教过他的老师无不啧啧称奇。随着年龄增长，戴博左眼视力稍微有所提高，尹爱军就用毛笔把特大号的音符写出来，戴博就能看着弹了。

　　戴博能进入中央音乐学院附中很偶然。2000年4月25日，戴博一家被评为"全国文明家庭标兵"。当时全省只有两户家庭获此殊荣，他们一家三口来到北京参加颁奖仪式。没摸钢琴才两天，戴博的手就"痒"得不行了，想找琴弹弹。母子俩一商量，就在中央音乐学院下了车。

　　在学院里，母子俩循声找到了琴房，戴博扑到钢琴边，积蓄了两天的激情化作美妙的音符。儿子的美妙琴声"招"来一大群音乐行家。

　　"这孩子的音乐感觉太棒了，我搞音乐搞了25年，从没见过这样的孩子！"西安交响乐团一个指挥家赞叹地说，他把戴博介绍给中央音乐学院的张志伟老师。

　　接下来的半年，母子俩每周五坐火车去北京上课，为了省钱，他们只买站票。戴博每次都在硬座下的地板上睡觉，一想到音乐，他身上就有使不完的劲儿。见戴博如此出色，张志伟鼓励他报考中央音乐学院附中。

　　中央音乐学院附中每年都有成千上万名学生报考。进入这所学校需要经过残酷的竞争，2001年只招了104名学生，盲眼的戴博能行吗？

　　2001年中央音乐学院附中的招生考试4月18日开始。3月初，夫妻俩带着戴博早早来到北京。一家3口在学院附中附近租了一间仅有4平方米的小屋，

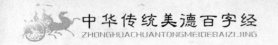
刚好能搁下一张床。业余时间,尹爱军去做钟点工,爱人戴德才在一家货场找了一份零工,勉强维持生计。

在北京期间,中央音乐学院附中的领导听说从长春来了一个音乐"神童",每天都在院里练琴。在考试前,校方组织了一些声乐专家,对戴博进行了一次"预考",大家都被这个孩子超凡的"天赋"所折服,校方甚至打算破格提前录取戴博。但是学校没有这个先例,于是有人给尹爱军出主意:戴博不是残疾儿童吗?到中国残联开出介绍信,就可以按特殊人才录取了。

面对捷径,戴博和妈妈却作出了一个出乎意料的决定:跟正常孩子一样,参加考试,用真正的实力证明自己。

面对15名音乐权威教授,戴博选了一首难度偏大的贝多芬奏鸣曲的第四乐章,篇幅长达30余页的钢琴名曲,戴博竟然一个音符都没有弹错,15名专家教授脸上露出了笑容……9日下午,成绩榜公布出来了,戴博钢琴、作曲总分都是第一,以全国第一名的成绩考入了中央音乐学院附中的作曲系。尹爱军的泪,顺着脸颊淌了下来。

都说音乐是贵族艺术,这话一点儿不假。为了孩子,尹爱军夫妻俩付出了所有的心血。刚学琴时,孩子天天要去练琴,每次都要倒四五趟车。父亲戴德才咬牙从不多的积蓄中拿出2000多元钱,买了一辆二手三轮机动车,拉着母子俩去学琴。

二手车故障多,三九天里经常抛锚,怎么也打不着火,怕迟到的戴博在冰面上由妈妈领着跑,戴德才在后面修车。为了增加收入,戴德才又用这辆三轮车拉活挣钱。数九寒天,戴德才的手在手套里出汗、结冰又冻硬……手关节患了严重的风湿病。

几年来,上千盘音乐光碟、数百本音乐资料、二手复印机、打印机就这样由戴德才骑着三轮车"拉"了回来。孟子的母亲为了儿子的教育曾经三迁其家,戴家为了戴博学习音乐,6年来搬了8次家。在一汽集团领导的关怀下,他们才住进了两室一厅。儿子要去北京上学,尹爱军又从心爱的工作岗位上退了下来,到北京照顾儿子的起居生活。

为了激发儿子的创作灵感,尹爱军带戴博去长白山采风。母亲的苦心没有白费，触摸了清澈的泉水、倾听了悦耳的松涛后，戴博马上创作了一组关于环保的童声合唱。

　　戴博认为，盲人学音乐并不比正常人困难，盲人看不见，会用心去听，上天夺去了他的眼睛，却给了他好耳朵。学音乐以来，他的作曲技法已相当成熟，创作了100多首钢琴曲、歌曲、合唱；演奏技巧上，他擅长古典音乐与民族音乐相结合。他说："每当听到音乐，每当抚着母亲的手，我的心里就一片光明。"他在歌词中写道："风折断翅膀，折不断意志。有阳光，有春风，有母爱，就有希望……"

◎故事感悟

　　孩子失明了，对母亲来说是一种灾难，这就意味着她需要用一生来照顾这个孩子。在外人看来这确是苦难，但是在母亲眼里，这却是一种培育的幸福。对于母亲来说，孩子就是她的一切。这就是无私、伟大的母爱。

◎文苑拾萃

燕诗示刘叟

（唐）白居易

梁上有双燕，翩翩雄与雌。

衔泥两椽间，一巢生四儿。

四儿日夜长，索食声孜孜。

青虫不易捕，黄口无饱期。

觜爪虽欲敝，心力不知疲。

须臾十来往，犹恐巢中饥。

辛勤三十日，母瘦雏渐肥。

喃喃教言语，一一刷毛衣。

一旦羽翼成，引上庭树枝。

举翅不回顾，随风四散飞。

雌雄空中鸣，声尽呼不归。

却入空巢里，啁啾终夜悲。

燕燕尔勿悲，尔当返自思。

思尔为雏日，高飞背母时。

当时父母念，今日尔应知。